国家出版基金项目

中国传统村落文化抢救与研究

文化区系列

吴必虎 罗德胤 张晓虹 汤敏 ◎ 主编

刘小方 李小波 ◎ 编著

巴蜀传统村落

海天出版社
·深圳·

图书在版编目（CIP）数据

巴蜀传统村落 / 吴必虎等主编. — 深圳：海天出版社，2020.12

（中国传统村落文化抢救与研究. 文化区系列）

ISBN 978-7-5507-3033-5

Ⅰ. ①巴… Ⅱ. ①吴… Ⅲ. ①村落－研究－四川 Ⅳ. ①K928.5

中国版本图书馆CIP数据核字（2020）第204539号

审图号：GS（2020）5315号

巴蜀传统村落
BASHU CHUANTONG CUNLUO

出 品 人	聂雄前
项目策划	许全军
项目统筹	南　芳
责任编辑	韩海彬
责任校对	李　想
责任技编	郑　欢
装帧设计	知行格致

出版发行	海天出版社
地　　址	深圳市彩田南路海天综合大厦（518033）
网　　址	www.htph.com.cn
订购电话	0755-83460239（邮购、团购）
设计制作	深圳市知行格致文化传播有限公司　Tel：0755-83464427
印　　刷	中华商务联合印刷（广东）有限公司
开　　本	787mm×1092mm　1/16
印　　张	15.25
字　　数	191千
版　　次	2020年12月第1版
印　　次	2020年12月第1次
定　　价	398.00元

海天版图书版权所有，侵权必究。
海天版图书凡有印装质量问题，请随时向承印厂调换。

"中国传统村落文化抢救与研究·文化区系列"编委会

EDITORIAL COMMITTEE

丛书主编：吴必虎　罗德胤　张晓虹　汤　敏

《中国传统村落概论》

编委会主任：张宝秀、成志芬

编委会成员：朱永杰、刘剑刚、李　扬、
　　　　　　时少华、张　勃、苑焕乔、
　　　　　　周爱华

编写分工：第一章　张宝秀、成志芬
　　　　　第二章　朱永杰
　　　　　第三章　刘剑刚
　　　　　第四章　李　扬
　　　　　第五章　成志芬、苑焕乔
　　　　　第六章　张　勃、李　扬
　　　　　第七章　时少华

《中原传统村落》

编委会主任：丁　华、张　东、
　　　　　　杨　博、郭晋媛

编委会成员：杨晓俊、戴　宏、刘改芳、
　　　　　　栗晓楠、刘　晗、姚　浪、
　　　　　　李羿祥、薛艳青、戴景文、
　　　　　　蒋星怡、朱凯凯、黄静怡、
　　　　　　廖文强、张　悦、陈鑫源、
　　　　　　陈姗姗、陈添珍、高媛媛、
　　　　　　刘丽丽、易远铨、黎燕君、
　　　　　　王　坤、易　雪、萧僖雯、
　　　　　　沈思源、苏小燕

《徽州传统村落》

编委会主任：张云彬、张宏梅、王　娟

编委会成员：张　茹、沈思佳、张业臣、
　　　　　　张小军、闻　飞、方敦礼

编写分工：第一章　张云彬
　　　　　第二章　张宏梅、张云彬
　　　　　第三章　张云彬
　　　　　第四章　王　娟
　　　　　第五章　张云彬、张宏梅、
　　　　　　　　　王　娟
　　　　　第六章　张宏梅

《荆楚传统村落》

编委会主任：龚胜生、何小芊、胡　娟、
　　　　　　陈丽军

编委会成员：伍昌友、李孜沫、魏幼红、
　　　　　　张　涛

编写分工：第一章　龚胜生、何小芊
　　　　　第二章　何小芊
　　　　　第三章　胡　娟、龚胜生
　　　　　第四章　胡　娟
　　　　　第五章　陈丽军
　　　　　第六章　陈丽军
　　　　　第七章　何小芊

《客家传统村落》

编委会主任：陈　川
编委会成员：萧清碧、黄宗焕、李长青、
　　　　　　何烈孝、沈　洁
编写分工：第一章　陈　川、萧清碧
　　　　　第二章　陈　川、萧清碧
　　　　　第三章　萧清碧、陈　川、
　　　　　　　　　黄宗焕、李长青
　　　　　第四章　萧清碧、陈　川、
　　　　　　　　　黄宗焕
　　　　　第五章　萧清碧、李长青、
　　　　　　　　　黄宗焕、陈　川
　　　　　第六章　陈　川、萧清碧、
　　　　　　　　　黄宗焕、何烈孝

《西南传统村落》

编委会主任：刘丹萍、高　璟、吴艳阳、
　　　　　　徐　燕
编委会成员：陈玲玲、刘博宇、郭可欣、
　　　　　　赵昱嫣、郭聪聪、方家刚、
　　　　　　宋尚周
编写分工：第一章　刘丹萍、高　璟
　　　　　第二章　刘丹萍、高　璟
　　　　　第三章　刘丹萍、高　璟
　　　　　第四章　刘丹萍、高　璟
　　　　　第五章　刘丹萍、高　璟、
　　　　　　　　　吴艳阳、徐　燕
　　　　　第六章　刘丹萍、高　璟

《关东传统村落》

编委会主任：朱晓蕾、王福刚
编委会成员：付　卉、甘　静
编写分工：第一章　付　卉、朱晓蕾
　　　　　第二章　朱晓蕾
　　　　　第三章　王福刚
　　　　　第四章　朱晓蕾
　　　　　第五章　甘　静、朱晓蕾、
　　　　　　　　　王福刚
　　　　　第六章　朱晓蕾

《吴越传统村落》

编委会主任：崔　峰、王丽娴、张光明
编委会成员：千继贤、王　瑜、朱晓庆、
　　　　　　尤　峰
编写分工：第一章　崔　峰、朱晓庆
　　　　　第二章　崔　峰、千继贤
　　　　　第三章　王丽娴、崔　峰
　　　　　第四章　王　瑜
　　　　　第五章　崔　峰、尤　峰
　　　　　第六章　张光明

《西北传统村落》

编委会主任：李 丁、苗 红、冶建明
编委会成员：韩雅敏、林 燕、孟 璐、
　　　　　　王文倩、李珍珍、黄 雪、
　　　　　　耿一睿、刘国锋、王 芸、
　　　　　　王 宁、余 洋、王 鑫
编 写 分 工：第一章　李 丁、苗 红、
　　　　　　　　　　冶建明
　　　　　　第二章　李 丁
　　　　　　第三章　苗 红
　　　　　　第四章　冶建明
　　　　　　第五章　李 丁、苗 红、
　　　　　　　　　　冶建明

《滨海传统村落》

编委会主任：裴 丹
编委会成员：黄丽华、严琳霞、李丹洋、
　　　　　　尚珍宇
编 写 分 工：第一章　裴 丹
　　　　　　第二章　裴 丹
　　　　　　第三章　尚珍宇、裴 丹
　　　　　　第四章　李丹洋、严琳霞、
　　　　　　　　　　裴 丹
　　　　　　第五章　黄丽华、严琳霞、
　　　　　　　　　　李丹洋、裴 丹
　　　　　　第六章　严琳霞、裴 丹

《黄淮海传统村落》

编委会主任：邢慧斌
编委会成员：魏云刚、孙庆久、佟 薇、
　　　　　　吴 军、马 晓
编 写 分 工：第一章　佟 薇、邢慧斌
　　　　　　第二章　孙庆久、邢慧斌
　　　　　　第三章　马 晓、邢慧斌
　　　　　　第四章　魏云刚、邢慧斌
　　　　　　第五章　吴 军、邢慧斌

《巴蜀传统村落》

编委会主任：刘小方、李小波
编委会成员：纪凤仪、冯祉烨、王晓文
编 写 分 工：第一章　冯祉烨、刘小方、
　　　　　　　　　　李小波
　　　　　　第二章　冯祉烨
　　　　　　第三章　刘小方、冯祉烨
　　　　　　第四章　纪凤仪

《藏蒙传统村落》

编委会主任：朱普选

编委会成员：明庆中、梁旺兵、曾　谦、
　　　　　　琼　达、罗赞敏、黄　丽、
　　　　　　尚前浪、先　巴、秦　旭、
　　　　　　李　凡、阿荣娜、肖卫东、
　　　　　　史家铭、达　桑、慈尚普、
　　　　　　蒋其平

编写分工：第一章　朱普选
　　　　　第二章　琼　达、肖卫东、
　　　　　　　　　史家铭、达　桑、
　　　　　　　　　慈尚普、蒋其平
　　　　　第三章　罗赞敏、先　巴
　　　　　第四章　梁旺兵、秦　旭
　　　　　第五章　黄　丽
　　　　　第六章　尚前浪、李　凡、
　　　　　　　　　明庆中
　　　　　第七章　曾　谦、阿荣娜

《东南传统村落》

编委会主任：吴荣华、王国栋、郑庆之、
　　　　　　黄丽华

编委会成员：叶乃齐、冯仕晏、曾健鹏、
　　　　　　陈秋晓、邓冰蓉

编写分工：第一章　王国栋
　　　　　第二章　王国栋
　　　　　第三章　郑庆之
　　　　　第四章　吴荣华
　　　　　第五章　吴荣华、王国栋、
　　　　　　　　　黄丽华
　　　　　第六章　吴荣华、王国栋、
　　　　　　　　　黄丽华

《江淮传统村落》

吴小伟　编著

致谢

林丽琴、姜丽黎、宋尚周、谢冶凤、王梦婷、王定镇、王　琳、周爱清、陈建茂、于小强

序言

PREFACE

　　进入二十一世纪的中国，城市化进程发展十分迅速。城市化脚步之快，快过了这个社会的思考的速度。在这样一种背景下，大量的农业人口进城，大量的乡村"空心化"，伴随着相当长的一个时期内地方发展对土地财政的严重依赖，在村集体所有制的宅基地制度基础上农民对乡村规划建设的弱势地位，以及其他一些社会经济和文化原因，导致了中国传统村落大片大片消失。正如一大批分布于全国各地，从事各行各业，痛惜于传统村落的快速消亡，钟情于怀念美丽田园生活里的梦幻童年，致力于利用各种方式抢救濒于困境的故土，投身于丰富多姿的乡村文化遗产研究领域的人们一样，五六年前我们几个志同道合的小伙伴，清华大学建筑学院的罗德胤副教授，北京大学俞孔坚教授的学生、古村之友发起人汤敏硕士，浙江桐乡乌镇和北京古北水镇主理人陈向宏先生，发起成立了古村镇大会，并分别在浙江乌镇、山东滨州、北京古北水镇和山西碛口古镇，召开了四次古村镇大会。在办会过程中，几位会议创办人提起了组织编辑出版一套古村研究丛书的想法，这一想法得到了深圳海天出版社的支持，申报了"十三五"出版规划，并顺利获得批准立项。

这套丛书的框架相当庞大，初步设想包括文化区系列、物质文化系列和非物质文化系列。这么庞大的系列，组织起来难度可想而知。为了增强组织和编写力量，我们又邀请了复旦大学中国历史地理研究所所长张晓虹教授加盟。目前推出的十五册，仅是其中第一辑文化区系列。

为什么要从文化区视角组织第一辑系列丛书？这主要基于中国传统村落形成发展于中国广袤的国土、悠久的历史、多民族共融的文化视角的考虑。

从自然地理角度看，中国南北横跨热带、亚热带和温带三个气候地带，东西纵盖60多个经度，具有东部滨海平原、中部山地高原盆地、西部干旱沙漠和高寒山地高原等多种地貌形态，海拔高度又具有从海平面以下数百米到世界屋脊最高峰8848.86米的最大高差形成的垂直气候带和植被带。在这么广阔、多样的自然地理条件下形成的村落，必然呈现出世界上最为丰富的聚落景观和文化形态。

此外，动辄数千年的悠久历史和历史上波澜壮阔的人口迁移与融合，又为传统村落打上了深厚文化底蕴和丰富民族特色的烙印。

基于以上几个条件，实际上，文化区系列的传统村落，从一个较为宏观的层面，而非村落本身，更非民居建筑单体，来呈现和传承中国灿烂多姿的乡村文明画卷。

第一辑文化区系列的传统村落板块，除了第一册《中国传统村落概论》综述其概，其余十四册基本上放在特定文化区的概述、物质文化、非物质文化，以及传统村落文化保护与旅游活化这样一个基本结构内阐述。其中绝大多数分册表述的是一个较为连续的地域单元，如中原、江淮、巴蜀、客家等文化区，这些文化区虽然具有基本上一致的身份认同，但具体绘制到地图上时，并非易事。

文化区属于一种人类认知的范畴，不仅难以提出统一准确的判别标准，而且即使有一些参数可供核准，但在不同的审视者眼里得到的评价结果也会存在不同。另外，人口迁移、现代化冲击和民族融合，也客观存在着两种甚至更多的文化融合，出现了一些所谓的文化叠合区域。例如，在讨论青藏高原时，可以把青海与西藏视为一个整体区域，但实际上青海除了藏蒙文化，在接近甘肃和新疆的部分，也还有相当多的西北文化。此外，在中原文化区与黄淮海文化区之间、中原文化区与江淮文化区之间、吴越文化区与徽州文化区之间，也都存在一定程度的文化叠合现象。

一般情况下，文化区应该是连续的地域空间，但也有个别情况比较特殊，一个是藏蒙文化，它是按照藏传佛教的分布特点来组织的，藏传佛教影响区的村落或集镇，都有围绕喇嘛庙而建设的特点，它们在空间上地域非常广大。另一个是滨海文化，它是按照临海居岛的地理特点来组织的，涉及中国一万多公里的海岸线，北面涉及黄渤海，中间是东海，南部是南海，这些绵长的海岸线和有人居住的岛屿上，形成的岛居海厝不仅独具一格，而且同样彰显中国自身的海洋文化。关于这一点，过去的传统村落研究，常常并未加以足够重视。

包括传统村落在内的文化景观具有丰富的多样性，区域多样性是其突出表现之一。这套丛书力图通过对进入官方视野、获得几个部委共同颁布的传统村落体系的乡村聚落为主要探讨对象的分析，来获得社会更加广泛的注意，让更多的机构和社会各阶层关注传统村落的传承和发展，唤起更多的部门和公众研究传统村落传承和发展过程中存在的政策、法规、理念与价值冲突，共同寻求其解决之道，为中国传统村落这一特殊文化景观的保护和长期发展贡献一份自己的力量。

吴必虎

2020 年 12 月 11 日

于北京大学逸夫二楼

目录

第一章 概述 001

第一节 巴蜀与巴蜀文化概述 / 002
    一、巴蜀概述 / 002
    二、巴蜀文化概述 / 003

第二节 巴蜀传统村落的地理分布与类型 / 005
    一、巴蜀传统村落的总体分布情况 / 005
    二、巴蜀传统村落的主要类型 / 008

第三节 巴蜀传统村落形成的影响因素 / 010
    一、自然地理 / 010
    二、古道移民 / 014
    三、民族分布 / 016
    四、经济因素 / 018
    五、民间信仰 / 019
    六、其他因素 / 024

第二章 重庆典型传统村落 027

第一节　巴国之源与重庆聚落之始 / 028

第二节　物质文化景观 / 031
　　一、武陵山桃花源 / 031
　　二、吊脚楼 / 033
　　三、峡谷人家 / 036
　　四、逐盐而居 / 036
　　五、滩流聚落 / 037
　　六、军事城堡 / 038

第三节　非物质文化景观 / 039
　　一、饮食习俗 / 039
　　二、服饰民俗 / 041
　　三、婚丧与生子 / 043
　　四、劳动民俗 / 045
　　五、节日习俗 / 051
　　六、神话与巫鬼 / 052

第四节　典型聚落 / 053
　　一、大寨村 / 053
　　二、宁厂古镇 / 056
　　三、永乐村 / 058

第三章 四川典型传统村落 061

第一节　古蜀国之源与四川聚落之始 / 062

第二节　物质文化景观 / 064
　　一、滚滚长江 / 064
　　二、剑门蜀道 / 082
　　三、攀西风情 / 084
　　四、天府之域 / 087

第三节　非物质文化景观 / 093
　　一、汉彝交融 / 093
　　二、客家民俗 / 099
　　三、民间传说 / 102
　　四、盐神崇拜 / 107
　　五、美味川菜 / 110
　　六、酿酒工艺 / 112
　　七、传统戏曲 / 114
　　八、刺绣与服饰 / 117
　　九、糖艺与面人 / 123
　　十、医药与体育 / 127

第四节　典型聚落 / 130
　　一、洛带古镇 / 130
　　二、亚者造祖村 / 134
　　三、三多寨村 / 136
　　四、迤沙拉村 / 140
　　五、太平古镇 / 144
　　六、白马村 / 146
　　七、昭化镇 / 148
　　八、青堤古镇 / 151
　　九、威远县 / 153
　　十、箭板古镇 / 155
　　十一、劳动镇 / 158
　　十二、五里村 / 159
　　十三、老观镇 / 162
　　十四、石桥镇 / 164
　　十五、蟹螺堡子 / 165
　　十六、萝卜寨村 / 168
　　十七、莫洛村 / 170
　　十八、依果觉乡 / 172

十九、肖溪镇 / 173

二十、恩阳古镇 / 174

二十一、复兴村 / 177

第四章

巴蜀传统村落的保护和活化
181

第一节　文化复苏：乡愁的三大境界 / 183
　　一、血浓于水的家族情感 / 184
　　二、植于乡土的家园情结 / 187
　　三、深入人心的家国情怀 / 189

第二节　景观复建：从修旧如旧到修旧如故 / 193
　　一、重庆市武隆区天池坝苗寨 / 194
　　二、重庆市涪陵区青羊镇安镇村 / 197
　　三、四川省雅安市望鱼古镇 / 199

第三节　产业复活：从原有产业衰退到旅游业态升级 / 202
　　一、重庆市武隆区犀牛寨 / 202
　　二、重庆市武隆区归原小镇 / 206

参考文献 / 210

附录：巴蜀传统村落名单 / 214

后记 / 225

第一章

概述

Chinese Traditional Villages

中国传统村落文化抢救与研究

文化区系列

第一节
巴蜀与巴蜀文化概述

一、巴蜀概述

巴蜀，原指古代巴人与蜀人之地，重庆市一带是古代巴人的活动中心，四川成都一带是古代蜀人的活动中心，大致范围是四川盆地及其附近地区。

四川盆地又被称为"信封盆地""紫色盆地"，由青藏高原、大巴山、巫山、大娄山、云贵高原环绕而成。周围山地海拔多为1000—3000米，面积约10万平方千米。中间盆底地势低矮，海拔200—750米，面积约16万平方千米。四川盆地西部为成都平原，地势低平，土质肥沃，河网纵横，物产丰富，是长江流域有名的鱼米之乡，有"天府之国"的美誉；中部为丘陵区，主要由紫红色砂岩、页岩组成，海拔400—800米，地势微向南倾斜，岷江、沱江、涪江、嘉陵江从北部山地向南流入长江；东部为平行岭谷，自西向东主要有华蓥山、铜锣山、明月山等山脉，西南为华蓥山南延的巴岳山、云雾山、缙云山、中梁山等支脉。

"巴蜀"并称，始于战国时期。在《战国策》中，苏秦劝说秦惠王时说："大王之国，西有巴、蜀、汉中之利……"现在，人们常说的"巴蜀"通常是指重庆市和四川省。

二、巴蜀文化概述

巴蜀文化是巴文化和蜀文化的结合体。巴文化是巴国和包括巴族及"濮、賨、苴、共、奴、獽、夷、蜑诸蛮"在内的巴人创造的文化。蜀文化是蜀国和包括蜀族在内的蜀人创造的文化。由于巴与蜀位置相近,有着相近的语言,相近的生产、生活方式及习惯,交流极其频繁,故其文化亦极相近、相通,后来逐渐形成了文化共同体。①

商周时期,蜀人与黄河流域的人已有文化交流。公元前316年,秦取巴灭蜀,带来了中原文化。②自此之后,巴蜀文化既有地方特色(个性),又具有整个中华文化的本质特点(共性)。

巴蜀文化有以下几个特点:

第一,物质文化特别发达。突出表现为:四川是目前已知的最早进行人工茶叶种植、制作的地方;巴蜀之酒古今闻名;汉代时已有"井火"煮盐;蚕桑业发展较早,汉代蜀锦天下闻名;等等。

第二,文化教育后来居上。突出表现为:先秦时,蜀中几乎没有文学之士;汉景帝时,蜀学可与齐鲁地区相比,汉代蜀中人文特盛,名人众多;六朝以后,巴蜀人文蔚然,代不乏人。蜀中史学颇为发达,比如陈寿的《三国志》、常璩的《华阳国志》等。天文历术颇有成就,比如汉代落下闳等人议造了《太初历》。印刷业发达,现存《陀罗尼经咒》是国内发现的较早的版印作品。

---

① 伏俊琏,徐正英.古代文学特色文献研究:第一辑[M].上海:上海古籍出版社,2016.
② 幸晓峰,沈博,钟周铭.南方丝绸之路文化带与中国文明对外传播与交往[M].成都:电子科技大学出版社,2017.

第三，儒风偏薄，宗教气氛浓，非正统化倾向明显。突出表现为：巫风颇盛；蜀中为道教发源地之一；蜀人接受儒家经典较晚，所受影响也不大；蜀中多奇才；等等。

第四，巴蜀文化有很强的包容性，也具有反抗性。突出表现为：巴蜀民风淳朴，不排外；蜀人好客，尊贤爱才；不固执守旧，学习外界先进事物较快；反抗性较强，巴蜀地区的起义不少；等等。

第五，巴蜀文化具有明显的不平衡性。巴蜀地区的自然条件差异很大，人文状况也不同；在发展过程中，各时代的文化也是不平衡的；等等。[1]

本书书名《巴蜀传统村落》中的"巴蜀"指的是巴蜀文化区[2]，包含整个重庆市、四川省。

---

[1] 杨世明.巴蜀文学史[M].成都：巴蜀书社，2003.
[2] 巴蜀文化区与《西南传统村落》之"西南"在地理空间和行政区划上有重叠之处，但为突显传统村落保护里文化遗产传承的区域性，兼顾整套丛书的各册撰写分工，《西南传统村落》仅在论述总体概况（自然地理、主体民族文化等）时涉及巴蜀文化区，不涉及巴蜀文化区具体的传统村落。

第二节
巴蜀传统村落的地理分布与类型[①]

一方水土养一方人，巴蜀人民依山就势，逐水而居，世代繁衍生息，形成了许多历史悠久，有较丰富的文化与自然资源，具有一定历史、文化、科学、艺术、经济、社会价值，应予以保护的村落。

一、巴蜀传统村落的总体分布情况

（一）重庆传统村落的总体分布情况

先秦时期，重庆已有聚落，考古发现的忠县中坝遗址中48座密集的东周房屋建筑遗迹即是证明之一。

自2012年至2019年5月10日，重庆共74个村落入选中国传统村落名录。其中45个传统村落位于渝东南地区，占比约60.8%；13个传统村落位于渝东北地区，占比约17.6%；16个传统村落位于渝西地区，占比约21.6%。

从74个传统村落所在区县来看，酉阳县的传统村落最多，有22个，占比约29.7%；主城9区中的传统村落最少，只有九龙坡区

[①] 在第一章第二节、第三节中应用统计数据研究的传统村落，特指被列入住房城乡建设部、文化部（现文化和旅游部）、财政部等政府部门公布的前四批中国传统村落名录的村落。

和巴南区各有1个。

渝东南地区是重庆传统村落分布最多的区域，酉阳县是分布最多的县，原因有以下两点：一是渝东南地区是少数民族聚居地区，且山高谷深，交通受限，受城市化影响相对较小；二是当地人们的保护意识强烈。

重庆是著名的"山城"。渝东南位于大娄山和武陵山之间，海拔大多在1000米以上，传统村落处于山间的岭谷或坡地，受地形、水源等因素的制约，再加上耕地有限，村落相对集中。受山水形态的限制和引导，渝东南和渝东北地区的人们大多择坡而居、择谷而作。渝西处于平行岭谷区，人们大多择道而居、择路而业，又因山地丘陵的限制，村落大多沿河岸或道路方向蜿蜒伸展，呈带状。①

重庆又位于长江沿岸，境内江河纵横，均属长江水系。其中长江干流自西向东横贯全境，境内流程长680多千米；嘉陵江自西北而来，三折于渝中区朝天门入长江，境内流程长150多千米；乌江自酉阳县入境，于涪陵区汇入长江，境内流程长210多千米；还有涪江、綦江、大宁河、阿蓬江、酉水河等。除了水是人们生活所必需的这一因素以外，人们在选择聚居地时往往还受到传统风水学说的影响。

因此，重庆的传统村落大多依山傍水、随形就势。

---

① 刘有于，冯维波. 山地区域的传统村落空间分布特征及影响因素分析：以重庆为例[J]. 湖南城市学院学报（自然科学版），2019，28（6）：40-45.

(二) 四川传统村落的总体分布情况

早在新石器时代晚期，已经形成了以宝墩文化、三星堆遗址、金沙遗址为代表的高度发达的古蜀文明。

自 2012 年至 2019 年 5 月 10 日，四川共 225 个村落入选中国传统村落名录。其中，汉族传统村落 125 个，少数民族传统村落 100 个。

川西（含成都市、德阳市、雅安市、阿坝藏族羌族自治州、甘孜藏族自治州）有 91 个传统村落，占比约 40.4%；川南（含自贡市、攀枝花市、泸州市、内江市、乐山市、眉山市、宜宾市、凉山彝族自治州、资阳市）有 73 个传统村落，占比约 32.4%；川东（含达州市、巴中市、遂宁市、广安市、南充市）有 37 个传统村落，占比约 16.4%；川北（含绵阳市、广元市）有 24 个传统村落，占比约 10.7%。

通过分析可知，四川的传统村落呈现为较明显的聚集型，其中川西高原的呈散点状分布，成都至雅安的呈带状分布；川东巴中、达州的呈块状分布；川南乐山、自贡至泸州的也呈斑块状分布。

从海拔来说，海拔超过 1000 米的传统村落有 104 个，占比约 46.2%；海拔在 1000 米以下的传统村落有 121 个，占比约 53.8%。[①] 川西高原的大多是高海拔聚集型村落，四川盆地的大多是平原聚集型村落，四川盆地边缘地区的一般是没有明显聚集型的村落。

四川传统村落的空间布局虽因地形、地势等情况而各有不同，但总体来说是比较自然的。四川汉族的传统村落在选址和布局中受

---

① 陈青松，罗勇，张洪吉，等.四川省传统村落空间分布特征及其影响因素[J].测绘与空间地理信息，2018，41（2）：49-52.

到传统文化的影响,体现了人与自然协调统一的朴素生态环境观。四川少数民族的传统村落往往坐落于川西高山峡谷地带,以血缘为纽带,聚族而居,依山就势,错落有致,连片成群,浑然一体。

二、巴蜀传统村落的主要类型

(一)重庆传统村落的类型

重庆的传统村落按不同的衡量标准,可以分成不同的类型,一般是受地形、地势、河流等自然因素和交通、经济等社会因素的综合影响所致。

按传统村落的集聚程度,重庆传统村落可以分为集中型和分散型。集中型传统村落的空间构成主要包括街巷、节点广场、合院空间等。分散型传统村落的民居建筑大多三五成群,或者呈点状分散于各处。

从平面布局来看,重庆传统村落的平面形态主要有团块式、条带式、组团式、散点式。

从地貌形态来看,重庆传统村落的空间形态可以分为河谷型、平坝型、丘陵型、山地型。这四种类型又可以细分,比如山地型传统村落可以继续细分为山麓型、山腰型、山顶型。

从传统村落的民居建筑来看,有吊脚楼式、悬挑式、廊坊式、层叠式、寨堡式、碉楼式等。

从形成背景来看,有农耕型、工贸型、交通型、寨堡型、纪念型、复合型等。①

（二）四川传统村落的类型

和重庆的传统村落一样，按照不同的衡量标准，四川的传统村落也可以分成许多不同的类型。但四川的传统村落数量较多，村落本来就是人类聚居地，而四川是人口大省，中国第二大藏族聚居区，中国最大的彝族聚居地，中国唯一的羌族聚居区，所以四川的传统村落可大致分为汉族传统村落、藏族传统村落、羌族传统村落、彝族传统村落。

四川的汉族传统村落主要位于东部的四川盆地及边缘山地区，从聚居形态来看，又可细分为自由散居式乡村聚落和街坊聚居式场镇聚落。

藏族传统村落大部分位于川西高原。根据村落的扩展方式和建筑分布形式，藏族传统村落可以分成聚集型和分散型。聚集型村落多位于河谷或山原坝地，通常有一个中心，由此向外扩展，建筑数量多、密集，空间结构紧凑，内聚性强，形成多组团的内向性布局形式。分散型村落是四川藏族聚居区典型的村落形态，几户或十几户人家聚集在一起，没有经过人为规划，而是依赖于自然环境，自然形成的。

羌族传统村落几乎都在川西高原的东北部。羌族聚居区是典型的封闭式中高山峡谷区，人们因水源、农牧用地、防御、局部气候、精神需求等，选择在平坝或坡地聚居。

---

① 冯维波. 重庆民居：上卷：传统聚落[M]. 重庆：重庆大学出版社，2017.

彝族传统村落主要位于川西南山地区。聚族而居、据险而居、靠山而居是传统彝族村落的典型特征，高山区多为散居型，半山和平坝、河谷地区则以聚居型为主。①

这4个民族的历史文化背景不同，人们聚居在自然、社会条件不同的区域，逐渐形成了独具特色的传统村落。

第三节
巴蜀传统村落形成的影响因素

一、自然地理

（一）重庆的自然环境

重庆位于我国西南部，东临湖北、湖南，南接贵州，西靠四川，北连陕西，东西长470千米，南北宽450千米。境内重峦叠嶂，江河纵横。

地处青藏高原与长江中下游平原的过渡地带，地势由南北向长江河谷逐级降低，起伏较大。北部有大巴山，东部有巫山，东南部有武陵山，南部有大娄山。山地面积最大，约占全市总面积的

---

① 中华人民共和国住房和城乡建设部.中国传统建筑解析与传承：四川卷[M].北京：中国建筑工业出版社，2016.

76.4%；其次是丘陵，约占全市总面积的17.7%；面积最小的是平原（平坝），只占全市总面积的2.4%。地形复杂多样，以山地、丘陵为主。

重庆长江左岸河流众多，源远流长，右岸河流稀疏，形成了左多右少的向心型不对称网状水系。但流域面积大于50平方千米的河流有370多条，流经山区的河流大多水流湍急，暗礁险滩较多。

气候属亚热带季风性湿润气候，春早气温不稳定，夏长酷热多伏旱，秋凉绵绵阴雨天，冬暖少雪云雾多。年平均气温为18℃。1月份气温最低，月平均气温为7℃，最低气温为–3.8℃。7—8月气温最高，多为27—38℃，最高气温可达43.8℃。因此，重庆与武汉、南京并称长江流域三大"火炉"。雨季集中在夏秋，年降水量为1000—1100毫米，夜雨为多，历代诗人常以"巴山夜雨"为题吟诗填词。亦有"雾都"之称，每年秋末至春初多雾，年均雾日为68天。重庆还是中国日照最少的城市之一，年均日照时长1259.5小时。因为三面环山、沟壑纵横，所以风速较小；但在夏季雷阵雨天气时，又常常伴有大风，风速每秒可达10—27米。①

（二）四川的自然环境

四川东连重庆，南邻云南、贵州，西接西藏，北接陕西、甘肃、青海，东西长1075千米，南北宽921千米，面积为48.6万平方千米。

---

① 佚名. 重庆的气候[EB/OL]. (2000-11-15)[2019-05-10].http://unn.people.com.cn/GB/channel204/209/412/444/200011/15/8275.html.

位于我国大陆地势三大阶梯中的第一级和第二级，地势西高东低，是我国地势起伏变化最显著的地区之一。以山地为主，有山地、丘陵、平原、高原4种地貌类型。西部为高原、山地，海拔多在4000米以上；东部为盆地、丘陵，海拔多为1000—3000米。东部为四川盆地；西北部为川西北高原，属于青藏高原东南一隅，平均海拔3000—5000米；西南部为横断山脉北段，山高谷深，山河相间，山河呈南北走向，自东向西依次为岷山、岷江、邛崃山、大渡河、大雪山、雅砻江、沙鲁里山和金沙江。

河流众多，以长江水系为主。长江上游金沙江为四川和西藏、四川和云南的边界，在攀枝花流经四川南部，在宜宾流经四川东南部，较大的支流有雅砻江、岷江、大渡河、理塘河、沱江、涪江、嘉陵江、赤水河。主要的湖泊有邛海、泸沽湖和马湖。黄河的一小段流经四川西北部，为四川和青海两省交界，支流包括黑河和白河。

四川盆地为中亚热带湿润气候区，全年温暖湿润，年均温度17℃左右，积温4000—6000℃，气温日较差小，年较差大，冬暖夏热，无霜期230—340天。云量多，晴天少，全年日照时间较短，年日照仅1000—1400小时，比同纬度的长江流域下游地区少600—800小时。雨量充沛，年降水量1000—1200毫米，50%以上集中在夏季，多夜雨。

四川西北部为高山高原高寒气候区。海拔高差大，气候立体变化明显，从河谷到山脊依次出现亚热带、暖温带、中温带、寒温带、亚寒带、寒带和永冻带。以寒温带气候为主，河谷干暖，山地湿冷，冬寒夏凉，水热不足，年降水量500—900毫米。天气晴朗，日照充足，年日照1600—2600小时。

四川西南部为亚热带半湿润气候区。全年气温较高，年均温度

12—20℃，日较差大，年较差小，早寒午暖，四季不明显。云量少，晴天多，日照时间长，年日照时间为2000—2600小时。降水量较少，干湿季分明，全年有7个月为旱季，年降水量900—1200毫米，90%的降水集中在5—10月。河谷地区受焚风影响，形成典型的干热河谷气候，山地形成显著的立体气候。[1]

（三）巴蜀自然环境对传统村落的影响

自然地理环境是村落形成的基础。无论是传统村落的整体地理分布状态，还是具体村落的选址、平面形态、竖向空间形态、建筑风格等，都与地形、地貌、水文、气候等自然地理环境关系密切。

以四川为例，从整体上来说，四川的山将传统村落限制在了高原、山地、丘陵等地带，绝大多数传统村落分布于靠近水源的高原、山间河谷、丘陵地带。据统计，海拔超过1000米的村落有104个，约占总数的46.2%；海拔在1000米以下的村落有121个，约占总数的53.8%。[2] 超过85%（193个）的传统村落分布在距离河流15千米以内，河流对聚落分布的影响具有明显的空间指向性[3]，羌族传统村落就密集分布于岷江中上游的高原山地地区，藏族传统村落则主要分布在大渡河中上游、雅砻江中游地带[4]。

---

[1] 佚名.四川[EB/OL].[2019-05-10].http://www.gov.cn/guoqing/2013-03/26/content_5046167.htm.
[2] 陈青松，罗勇，张洪吉，等.四川省传统村落空间分布特征及其影响因素[J].测绘与空间地理信息，2018，41（2）：49-52.
[3] 刘有于，冯维波.四川省传统村落空间分布特征及其影响因素研究[J].南方农村，2019，35（6）：36-42.
[4] 张先庆.四川省民族地区传统村落保护方法研究：以北川县马槽乡黑水村为例[D].绵阳：西南科技大学，2017.

多样性的环境为人们提供了丰富的木、石、竹、土等建筑材料，对传统村落的民居建筑也有所影响。比如重庆山地丘陵多，基地面积较狭小，再加上夏季炎热，年均降水量较多，人们在建造房屋时既要考虑使用空间，又要注意夏天室内隔绝外界热量，充分利用自然风，冬天尽量利用光照的热量提高室内温度，加强排湿设计，因此形成了悬挑式、廊坊式、层叠式、骑楼式、吊脚楼式、凉亭式等民居建筑。其中，吊脚楼依山而建，靠河而造，结构比较简单，既能通风，也能防范野兽、毒虫的攻击，是人们贴近大自然、就地取材、因地制宜而建造的具有地方特色的建筑物。

二、古道移民

巴蜀地区的古代移民史大致可以分为3个阶段：一是元代以前，从北向南移民；二是元、明时期，从东向西移民；三是清代，从东向西为主、从北向南为辅的移民。[①]

元代以前，中国的人口重心在黄河流域。虽然汉代以后，南方经济有所发展，但政权中心始终在长江以北。从东汉末年到两宋时期，发生了几次人口南移，使中国的人口重心逐渐南移。

从北方进入巴蜀地区，主要是沿川陕驿道，由关中通往汉中的子午道、傥骆道、褒斜道、陈仓道，以及由汉中通往四川的荔枝道、米仓道、金牛道等组成。

子午道在东边，是从长安（今西安）通汉中的最近道路，与现

---

① 赵逵．"湖广填四川"移民通道上的会馆研究[M]．南京：东南大学出版社，2012．

代公路G210线路大致重合。由子午道向西,是傥骆道,与现代公路G108走向大致相同。再由傥骆道向西,是褒斜道,可从关中平原西端的眉县到达汉中,是中国古代跨越横岭,由关中入蜀,开凿时间早、规模大、沿用时间长的一条道路。褒斜道以西,是陈仓道,因道路北端入山处为秦汉时的陈仓县而得名,可从宝鸡东面的陈仓,经大散关,到达汉中。

荔枝道因杜牧"一骑红尘妃子笑,无人知是荔枝来"中的典故而闻名,可从西安经子午道到达西乡县子午镇,越巴山山脉,到达涪陵。米仓道因为翻越米仓山而得名,从汉中往南,沿冷水河谷而上,越米仓山,顺嘉陵江支流之一的南江河谷南下巴中,沿巴河、渠江,在合川转嘉陵江而抵达重庆。金牛道是古代川陕的交通干线,可从汉中经勉县至宁强县,过广元、昭化、剑门、武连、梓潼、绵阳、德阳,至成都。李白说的"蜀道之难,难于上青天",指的就是金牛道中的宁强—广元路段。"一夫当关,万夫莫开"说的就是金牛道上的险要之处——剑门关。

另外,从陈仓道再往西,就是祁山道,因诸葛亮的"六出祁山"而闻名,可从甘肃天水,翻越祁山,经陇南,到达汉中市略阳县。

元、明两代,中央王朝在少数民族地区实行土司制度。明代大约在洪武二年(1369),开始向西南地区移民,并逐渐从"江西填湖广"演变成"湖广填四川"。明代的屯边政策,使几十万军队到达西南,再加上随军家属,大量移民进入了巴蜀地区。

清代从康熙十年(1671)到乾隆四十一年(1776),基本是明末移民的延续,以"生活移民"为主;从清末道光时期至民国初年,以"商业移民"为主。

从东或东南进入巴蜀地区,主要是沿长江以舟楫行水或经三峡栈道穿过三峡，到达巫山、奉节、万州等地，或从清江溯江而上，从湖北恩施、利川再至万州或渝东南地区。

从南进入巴蜀地区，主要是通过黔渝盐道，包括黔渝东线（从贵州松桃、铜仁、镇远等地至重庆涪陵）、中线（从贵州遵义、贵阳至重庆綦江东溪镇）、西线（永宁道、合茅道）。南路是广东、广西、湖南、湖北、福建等省的移民进入巴蜀地区的主要路线。

大规模移民进入巴蜀地区的原因是多方面的：一是战乱和社会动乱；二是巴蜀地区物产丰富、气候湿润，适合生产、生活；三是官方的倡导和组织。[①]

古道移民对传统村落来说，除了形成五方杂厝的生活格局，村落空间形态发生变动以外，建筑风格也受到了一定影响。受南方各省民居的影响，各种形式的风火山墙被移植到四川盆地的民居中，争取空间的二层挑楼或挑厢被广泛使用。荆楚富有曲线的瓦脊与通风散气的抱厅，徽派繁缛精美的雕饰，客家防御性能显著的土围碉楼，闽粤的从厝、横屋、骑楼等建筑形式，也和四川盆地的气候、地形、材料，以及本土的穿斗架、夹泥墙、大出檐、小青瓦、长吊脚、高筑台等原有特色结合起来，形成了别具一格的建筑风格。[②]

三、民族分布

巴蜀地区历来为多民族聚居地，有56个民族，其中汉族、彝

[①] 冯维波.重庆民居：上卷：传统聚落[M].重庆：重庆大学出版社，2017.
[②] 熊梅.川渝传统民居地理研究[D].西安：陕西师范大学，2015.

族、藏族、羌族、苗族、土家族、傈僳族、纳西族、布依族、白族、壮族、傣族等为世居民族。

从人口分布来看，彝族、藏族、羌族主要聚居在川西南高山峡谷和川西高原地带的凉山彝族自治州、甘孜藏族自治州、阿坝藏族羌族自治州、绵阳市北川羌族自治县、乐山市马边彝族自治县和峨边彝族自治县；土家族和苗族主要聚居在盆地东部重庆下辖的少数民族自治县和盆地南缘的泸州市、宜宾市，土家族尤其集中于重庆石柱土家族自治县、秀山土家族苗族自治县、酉阳土家族苗族自治县和彭水苗族土家族自治县；回族、蒙古族、傈僳族等主要以散居或杂居的形式分布在川渝地区的各大城镇或乡村。

总的来说，彝族、藏族、羌族、土家族和苗族等少数民族基本上都有一大块或几块聚居区，其他少数民族则与之杂居或散居在汉族聚居区，呈现大杂居、小聚居的总体格局。① 在居住建筑方面，汉族聚居区既有府邸、宅院、庄园式民居、城镇店宅等传统院落式民居，也有客家民居、近代公馆，建筑元素有穿斗架、天井、门窗栏杆、封火墙、屋顶脊饰等。在藏族聚居区的牧区，牧民住的是帐篷和简单的冬居小屋；在藏族聚居区的农区，既有普通民居，也有土司官寨，建筑元素有主室火塘、经堂和各种装饰。在羌族聚居区，有石碉房、土碉房、板屋类普通民居和土司官寨，建筑元素有主室角角神、主室火塘和各种装饰。彝族聚居区有瓦板房、土墙瓦房类普通民居和土司衙门，建筑元素有木构拱架、门窗隔扇木件，屋脊、檐口等处注重装饰，建筑色彩以黑色、红色、黄色为主。②

---

① 熊梅. 川渝传统民居地理研究 [D]. 西安：陕西师范大学，2015.
② 中华人民共和国住房和城乡建设部. 中国传统建筑解析与传承：四川卷 [M]. 北京：中国建筑工业出版社，2016.

四、经济因素

过去，经济的发展有助于村落的发展壮大。随着生产力的提高，富余的产品源源不断地畅销全国乃至世界。茶马古道、川盐古道、南方丝绸之路等道路的开辟，为人们带来了更多的生存机会，村落逐渐向商业线路靠拢，形成线性集中分布的特征和工贸型村落。

近现代工业的发展促进了交通工具的改善，传统依靠人力运输的古道逐渐衰败，转为机械化的运输道路。为争取更多的发展机会，人们再次向新的交通干线聚拢。原先古道边的村落逐渐衰败，新的村落逐渐崛起。可通达性差的地方，与外界的联系较弱，受外界文化影响的机会较少，为保留当地居民的生活习惯、保护传统建筑不受开发破坏创造了客观条件，更能保留村落的原始风貌和文化特色。

在近现代相当长的时间里，传统村落与区域经济水平存在一定的负相关性，城镇化进程会加速传统村落的衰退。在 ArcGIS（地理信息系统系列软件）中对重庆市各区县城镇化水平进行可视化处理，与传统村落分布图叠加，并将传统村落与县域城镇化水平空间进行自相关分析，结果发现：渝东南地区城镇化水平低，以酉阳、彭水为代表的地区呈现低城镇化水平与低城镇化水平传统村落集聚模式；以涪陵、江津和永川为代表的渝西地区呈现高城镇化水平与高城镇化水平传统村落聚集模式。[①] 以 20 千米为间隔，将四川划分成 7 个等级的州（市）直线距离地图，与传统村落分布图进行叠置分析，结果显示：超过 60% 的传统村落距离中心城市 40—100 千米，传统

---

① 刘有于，冯维波. 山地区域的传统村落空间分布特征及影响因素分析：以重庆为例[J]. 湖南城市学院学报（自然科学版），2019，28（6）：40-45.

村落距中心城市直线距离的均值为 70.20 千米。远离中心城市，受现代文化的辐射与侵蚀概率变小，尤其是城镇化水平低的少数民族聚集区，其传统村落文化得以更长久、更真实。①

五、民间信仰

和其他地区一样，早期巴蜀地区的人们也崇拜自然神、人神等，比较特殊的是崇鬼重仙。至今，佛教、道教影响广泛，信伊斯兰教、天主教、基督教者也不少。

（一）崇鬼重仙

巴人崇鬼，《全唐文》记载："其人豪，其俗信鬼。"在甲骨文中就有"鬼"字，古代典籍文献中也有不少对鬼的意义的诠释，通常的解释可以《礼记》为代表："众生必死，死必归土，此之谓鬼。"② 历史学家谭继和认为，"鬼"其实指的是先秦时期的一个少数民族"鬼方"，它是巴人的一支，迁徙于丰都。丰都有阴长生在平都山白日升天的故事，鬼传说由此而起。到了宋代，兴起阎罗地府的传说，道家的"鬼神六天"就在丰都"落脚"，"太阴黑簿囚鬼灵"（范成大诗），平都山成为鬼都山，丰都成为鬼城。③ 后来，丰

---

① 刘有于，冯维波.四川省传统村落空间分布特征及其影响因素研究[J].南方农村，2019，35（6）：36-42.
② 郑玄，孔颖达，黄侃，等.礼记正义[M].上海：上海古籍出版社，1990.
③ 谭继和.巴人重鬼、蜀人重仙与楚人重巫[EB/OL].（2002-10-24）[2019-05-10].http://www.cntv.cn/lm/842/-1/61503.html.

都平都山鬼文化成了巴人崇鬼的典型代表。

蜀人重仙，《华阳国志》中"鱼凫王田于湔山，忽得仙道"是蜀人仙化想象力的真实记载。谭继和认为仙字古写就是"迁徙"的"迁"，鱼凫带领部族到处迁徙，引起浪漫想象就成了仙。谭继和以三星堆出土文物为实物证据做出简要阐释，从考古发现看，三星堆遗址和金沙遗址出土器物可以佐证"蜀人重仙"为特征的文化想象力，诡异的金铜人面像、青铜立人像都是仙，鸟首人身像、人面鸟羽像以及众多凤鸟，大概是羽人飞仙思想的最早渊源。蜀人仙化思想的代表是司马相如的《大人赋》，文中写了到处迁游的仙人，汉武帝读了之后飘飘欲仙。从三星堆遗址、金沙遗址的人面像到汉司马相如，再到陈子昂、李白、苏轼、杨升庵等，直至郭沫若等巴蜀浪漫文人，仙化思想一直被传承着。[①]

巴人信鬼祭祖先，蜀人羡仙望升天。时至今日，巴蜀人民崇鬼重仙的程度虽远远不及过去，但每逢婚丧和重大节日，依然能见到其踪影，特别是在偏远的村落中。

（二）道教

道教是中国固有的宗教，张道陵于东汉时期在鹤鸣山（位于今四川大邑县）创立的五斗米道，被视为道教定型化之始。张道陵还设立了二十四治（传道区域），其中十二治的中心在今成都范围内。《广弘明集》记载："张陵谋汉之晨，方兴观舍……杀牛祭祀二十四所，置以土坛，戴以草屋，称二十四治。治馆之兴，始

---

① 何茜.从三星堆文明看蜀人浪漫的仙化思维[N].四川日报，2006-07-14（2）.

乎此也。"以阳平治（今四川彭州市）、鹿堂治（今四川绵竹县）、鹤鸣治（今四川大邑县）为传教中心，道教宫观遍布全川，道教文化资源极为丰厚。

始建于周代的成都青羊宫是川西第一道观。相传太清仙伯（太上老君）命令青帝的小童子，在蜀国化身为青羊。扬雄的《蜀王本纪》记载："老子为关令尹喜著《道德经》，临别曰'子行道千日后，于成都青羊肆寻吾'。"时隔三年，老君降临此地，尹喜如约前来，老君显现法相，端坐莲台，尹喜敷演道法。自此以后，青羊宫便成为神仙聚会、老君传道的圣地。

在四川道教中，素有"北青城，南真武"之说。青城山是中国四大道教名山之一，相传轩辕黄帝时有宁封子居青城山修道，西汉末年时被称为"蜀中八仙"之一的阴长生入青城山修道，东汉时张道陵从鹤鸣山来到青城山结茅传道。真武山因供奉真武大帝而得名，清代中叶就形成了以道教宫观为主，融道、释、儒三教文化为一体规模宏大的建筑群，现存真武山古建筑群为全国重点文物保护单位。

此外，四川还是道教石刻造像的起源地和历代保存《道藏》最全的地区。青城道士张孔山所谱道教音乐古琴曲《流水》，1977年被美国"旅行者2号"宇宙飞船带入太空，成为传递人类信息第一曲。①

东汉末年，道教传入重庆。南岸黄桷垭老君洞现为道教全真龙门派丛林道观，万州太白岩有晋代道教遗迹"绝尘龛"，亦为唐代诗人李白访道之处。隋代时潼南大佛附近的定明山石刻道教人物造

---

① 四川省政府办公厅. 四川省人民政府办公厅关于印发《四川省文化旅游发展报告》的通知[EB/OL].（2007-01-05）[2019-05-10].http://www.sc.gov.cn/10462/10464/10684/13655/2007/1/5/10369513.shtml.

像，是重庆区域最早的道教摩崖石刻文化。此外綦江白云观、奉节天仙观等，都是闻名遐迩的道观。

（三）佛教

巴蜀地区佛教历史悠久，东汉时期已传入。四川佛教有汉语系佛教，主要有净土宗、天台宗、华严宗、禅宗、密宗等宗派，藏语系佛教有黄教、红教、白教、黑教、花教等宗派。汉语系佛教主要为汉族群众所信奉，藏语系佛教为藏族群众所信奉。四川佛教文化以名山、寺院、摩崖石刻雕塑等为载体。

汉语系佛教寺院主要分布在盆地及盆边地区，以禅宗、净土宗丛林最为著名。世界文化与自然遗产峨眉山是"中国佛教四大名山"之一，山上寺庙林立，其中以报国寺、万年寺、华藏寺等寺庙最为著名。此外，四川还有成都文殊院、昭觉寺、大慈寺、石经寺，新都宝光寺，遂宁广德寺和灵泉寺，绵阳圣水寺，乐山乌尤寺等著名的佛教寺院。

藏传佛教包括大乘佛教的显宗与密宗，神秘色彩浓厚，民族特色突出。主要分布于甘孜藏族自治州、阿坝藏族羌族自治州、凉山彝族自治州，有寺院780多座。不仅包括了藏传佛教五大教派，还有在西藏和其他藏族聚居区已绝迹的觉囊派等教派寺庙10多座。各寺建筑奇特、风格各异，文物众多，不少寺院为省、州级文物保护单位。其中，德格八邦寺号称"小布达拉宫"、乡城桑披寺被誉为"集藏族建筑装饰艺术之大成"。德格印经院被称为"藏文化宝库"，现存藏文献雕版30万块，内容包括藏传佛教大藏经"甘珠尔""丹珠尔"和各教派文库及木刻画，是现今保存藏族文化和佛经典最多、最完整、规模最大之所。

重庆现有罗汉寺、慈云寺、双桂堂、华岩寺等全国重点寺庙，还有世界文化遗产大足石刻。

（四）其他宗教

伊斯兰教在元代时传入重庆，元末奉节已建清真寺。天主教于清代康熙四十一年（1702）传入重庆，1856年成立川东南代牧区（重庆教区）。在基督教方面，有渝中基督教社交会堂、解放西路礼拜堂、江北福音堂等50多处教堂和处所。[①]

伊斯兰教于元、明时期传入四川，兴盛于清代。在全盛时期，四川约有190余座清真寺，今存125座，阆中巴巴寺是四川省有名的伊斯兰教圣地。天主教于清朝初年传入四川，现在四川省有5个教区，共开放教堂和处所165处。基督教于清末民初时传入四川，现在共开放礼堂和处所160处。[②]

（五）巴蜀民间信仰对传统村落的影响

一是影响村落选址。比如四川藏族的传统村落有"朝山"的传统，四川丹巴地区的村落大多朝向墨尔多"神山"，甘孜藏族自治州县城面向卡瓦洛日雪山；也有的以寺为中心，村落环绕其周边发

---

① 熊笃.巴渝文化论纲[J].重庆大学学报（社会科学版），2007（1）：68-73.
② 四川省政府办公厅.四川省人民政府办公厅关于印发《四川省文化旅游发展报告》的通知[EB/OL].（2007-01-05）[2019-05-10].http://www.sc.gov.cn/10462/10464/10684/13655/2007/1/5/10369513.shtml.

展,或者寺院地处高地,人们沿其一侧聚居。在进行村落择址时,彝族人还会采用"毕摩"烧羊甲骨的方法进行吉凶预测。

二是影响村中建筑,比如四川汉族的传统村落中大多建有祠庙;佛塔、寺院、转经筒是藏族传统村落中常见的,经堂是藏式建筑中最神圣的地方,通常位于建筑的最上层;羌族民居大门对着山间的空隙(门对槽),可遥望远处连绵起伏的雪山,神位和火塘、中心柱一起主宰着羌族传统民居的二层;彝族民居的大门要朝着太阳升起的方向,卜宅时以主户母亲的年龄算出建房地址,火塘是建筑中的核心部分。

另外,四川藏族民居中白色是表达对"天上神"的崇尚,红色是表达对"地上神"的崇尚,黑色是表达对"地下神"的崇尚;在羌族,白石是故乡雪山的象征,为表达对白石神的崇拜,常常在屋顶女儿墙的转角处,或者门楣、窗楣上,或者檐口放置白石;彝族人既喜爱牛,又崇拜牛,在建筑室内外常用牛角作为装饰。

六、其他因素

过去由于战事,四川汉族人在地形险要的山上,或平坝交通岔路口,建成了寨堡式村落;藏族人和彝族人建有石碉或土碉楼;羌族人首选高山台地来修建村落。

为了抗震,四川藏族聚居区大部分建筑采用梁柱体系框架式密梁平顶形式,甘孜藏族自治州的道孚、炉霍等地区建有既抗震又保暖的箱型体"崩房";羌族的石碉房和木架坡顶板屋都具有良好的抗震性。①

人大分居的理念促进了巴蜀地区汉族村落大分散、小聚居的居住格局的形成。

---

① 中华人民共和国住房和城乡建设部.中国传统建筑解析与传承：四川卷[M].北京：中国建筑工业出版社，2016.

第二章

Chinese Traditional Villages

中国传统村落文化抢救与研究

文化区系列

重庆典型传统村落

第一节
巴国之源与重庆聚落之始

综览史籍，大家对"巴"这个称谓的来源众说纷纭。有根据《山海经》等相关神话传说，认为其地蛇虫众多且形为"巴"，故而取其为"巴"地之说；又有因该地区山河众多，蜿蜒曲折，其形似"巴"而取其为"巴"地之说；也有因四川盆地东部盛产的芭茅而取其为"巴"地之说等。

"巴"既是地名，又是族名。《山海经》中记载："西南有巴国。大皞生咸鸟，咸鸟生乘釐，乘釐生后照，后照是始为巴人。"它清楚地说明了两点：一是我国西南方有巴国，二是从后照起，始称巴人，巴人为太皞后裔。

此后，"巴"字见于《逸周书》《世本》《左传》。比如《世本》记载了廪君的故事：

> 廪君之先，故出巫诞。巴郡南郡蛮，本有五姓，巴氏、樊氏、瞫氏、相氏、郑氏，皆出于武落钟离山。其山有赤、黑二穴，巴氏之子生于赤穴，四姓之子皆生黑穴，未有君长，俱事鬼神。廪君名曰务相，姓巴氏，与樊氏、瞫氏、相氏、郑氏凡五姓，俱出争神。乃共掷剑于石穴，约能中者，奉以为君。巴氏子务相，乃独中之，众皆叹。又令各乘土船，雕文画之，而浮水中，约能浮者，当以为君。余姓悉沉，惟务相独浮，因共立之，是为廪君。乃乘土船从夷水至盐阳。盐水有神女，谓廪君曰："此地广大，鱼盐所出，愿留

共居。"廪君不许。盐神暮辄来取宿,旦即化为飞虫,与诸虫群飞,掩蔽日光,天地晦冥,积十余日。廪君不知东西所向,七日七夜。使人操青缕以遗盐神曰:"缨此即相宜,云与女俱生,宜将去。"盐神受而缨之。廪君即立阳石上,应青缕而射之,中盐神。盐神死,天乃大开。廪君于是君乎夷城,四姓皆臣之。廪君死,魂魄世为白虎,遂以人祠焉。

讲述的是廪君巴务相因神勇超群而被众人尊奉为首领,原五姓之族因此统一为巴族。统一后的巴族由首领廪君带领以图发展,途中遇到倾慕廪君的盐水女神。为了继续寻找地广而物丰的地方,廪君射杀阻止他们前行的盐水女神。后来,巴人在夷城(今属湖北)定居了下来。

从"未有君长,俱事鬼神"来看,在廪君之前,尚处于原始部落时期;"盐水有神女"表明神女所在地还有母系氏族的痕迹。所以,此时巴人应处于夏、商之前的原始社会。再结合《水经注》中的"昔廪君浮土舟于夷水,据捍关而王巴",说明廪君已成为王,《中国大百科全书·民族志》中记载:"传说巴人起源于武落钟离山,最初称王的酋长,叫作廪君。"

根据出土的商代后期的甲骨上有多处"巴方"来看,巴人此时有较大的方国了,殷王武丁曾令妇好伐巴。之后由于殷商的压迫,巴人参与了武王伐纣之战:"周武王伐纣,实得巴蜀之师。"灭商之后,周王大量分封:"以其宗姬封于巴,爵之以子。古者远国虽大,爵不过子,故吴、楚及巴皆曰子。其地东至鱼复,西至僰道,北接汉中,南极黔、涪。"即周王封亲族姬姓于巴,名巴子国,管辖区域东至今重庆市奉节县,西至今四川省宜宾市,北与今陕西汉中市相接，南至今湘西、鄂西、渝东南、黔东北等地。

春秋战国时期，巴国势力消长变化比较大，而且不断迁徙："巴子时虽都江州（今重庆渝中），或治垫江（今重庆合川），或治平都（今重庆丰都），后治阆中，其先王陵墓多在枳（今重庆涪陵）。"

但在巴国迁徙之前，重庆地区并非没有聚落。"巴人族群中濮、賨、苴、共、奴、獽、夷、蜑诸蛮随着石器广泛运用于生产，从渔猎、采集逐渐走向耕作农业和畜牧业，长江、嘉陵江两岸依山傍水，在洪水线以上的沿江台地都成为他们选择的定居点，聚落也开始出现。这些早期族群，如濮人，在巴人迁入川东前散布渠江、嘉陵江等流域，是巴人之前重庆地区最早的主人，在巴人移居之后化入巴族。"[①] 据研究，位于巫溪县宁厂镇宝源山的巫咸国是巴渝地区最古老的部落国家。[②] 何光岳在《炎黄源流史》中指出："巫咸，乃巫人首领叫咸的所成立的国家，历经神农、黄帝、商诸朝，达两千多年。传到太戊时，巫成为殷之属国。"[③]

公元前316年，秦国灭巴国后，屯兵江州，筑巴郡城（江州城），城址在今渝中区长江、嘉陵江汇合处朝天门附近，是为史载重庆建城之始。

---

① 舒莺.重庆主城空间历史拓展演进研究[D].重庆：西南大学，2016.
② 重庆工商大学信息技术和社会发展研究院，项玉章.重庆之最[M].重庆：重庆出版社，2008.
③ 何光岳.炎黄源流史[M].南昌：江西教育出版社，1992.

第二节
物质文化景观

一、武陵山[①] 桃花源

陶渊明有文曰：武陵捕鱼人，缘溪行。忽逢桃花林，夹岸数百步，中无杂树，芳草鲜美，落英缤纷。复前行。林尽水源，便得一山，山有小口，仿佛若有光。舍船从口入。初极狭，才通人。复行数十步，豁然开朗，方觅得桃花源。陶渊明借渔人之眼用精练的字句将武陵地区的山川形胜描写得十分细致到位。

武陵地区的地貌以背斜槽谷、断层、褶曲、夷平面等为主，岩溶地貌主要有峰丛、石林、天坑、岩溶峡谷、溶洞等。区域内水量丰富、水流湍急，沟幽谷深，绝壁千仞，植被茂密。从地理位置和形态来讲，武陵地区并非兵家必争之地，亦不是物产极其丰富的"粮仓"，因此这个地区鲜有中原一带的连年战乱。同时，聚落的分布受地形的影响，往往呈现分、散、小的特点，往往几人、几户就可组建成一个村落，共同生活在狭小、闭塞的山里坎间，不过问世事，不参与征伐，祖祖辈辈不与刀光剑影为伍。

祥和的村落一般分布于受流水侵蚀的"V"形谷、"U"形谷，较平坦的山间盆地，甚至山腰上。勤劳的村民一般会在村庄周围开垦田地，层层弯弯的梯田就像一条条彩带，装饰着宁静的村庄，不同的季节为村庄增添了不同的美。阡陌交通，鸡犬相闻，清晨的一

[①] 下文中"武陵"指武陵山重庆部分。

声鸡叫荡漾在山间,能唤醒整座山中的"居民"。傍晚袅袅炊烟应着黄昏的日落,飘荡在山间的天空,那是村民向还在坡上勤劳耕作的家人发出的盼归呼唤。秀丽、神奇的自然环境虽然带给了人们宁静、祥和的生活,但是也阻碍着村民踏向山外世界的脚步。深幽而人烟稀少的山间,早些年现代化交通鲜能通及,山里、山外仿佛两个世界;现在,山里的年轻人带着对村落的眷恋与对山外世界的好奇而离开村落,老人们坚守在自己生活了一辈子的村落中。对老人们而言,山外现代化的一切事物固然新奇,但尚不及一生所耕耘的村庄,这里是他们生活与情感的寄所。

图 2-1 武陵山桃花源

二、吊脚楼

无论是在严寒的冰岛还是在酷热的雨林，无论是陡峭的悬崖还是平坦的平原，动物们都能建造各种神奇的居所。挂在峭壁上的吊脚楼，是武陵人家用智慧勾勒的"武陵山居图"景色之一。

地势崎岖、气候湿热是定居面临的重要考验之一，然而逐水而居、依山就势、顺应自然是村落选址建造的智慧结晶。人们建造房屋不但讲究顺应自然、方便生活，也注重"取山水聚会，茂风得水之地"。渝东南传统村落的始迁祖根据中低山的地势特征，灵活布置村落的空间方位，并将山川等自然要素形胜为"龙、砂、水、穴"四类，以得水滩平坝之"阴柔"，享后靠山峦之"阳刚"。在前水与聚落间，或是块块农田，或是冲积河坝，凸面向前，面积较大，以应"明堂宽大斯为福"的寓意[①]。因此，该地的村落格局整体上并不刻意追求"坐北朝南为主向的三重四方围合的盆地空间单元"[②]，而是"在方而法方，在圆而法圆，于自然无所违也"[③]。这种观念下营建的村落一般与山川融合度较高，也被人称为"自然生长的村落"。具体表现为目之所及，是一座座干栏式的吊脚楼高耸在山腰、溪上，随坡就坎，随湾就曲，有散居，也有聚居的形态景观。

传统的吊脚楼几乎均以木材为主材料，就地取材。在功能上，往往其上自居，其下放鸡豕。吊脚楼根据其吊脚形式，一般可分为两类：一是房屋整体被抬起的全吊脚楼，一般为厢房被木柱整体托

---

① 佘海超，张菁.基于"道法自然"思想的渝东南传统村落营建智慧研究[J].重庆建筑，2017，16（10）：57-60.
② 杨柳.风水思想与古代山水城市营建研究[D].重庆：重庆大学，2005.
③ 老子.道德经全集[M].北京：光明日报出版社，2012.

起；二是阳台式吊脚楼，一般房屋二楼及以上楼层阳台被木柱托起。此外，在较平坦的山间，人们往往不再使用吊脚形式建造房屋，改为平地而建，但木墙、小青瓦的材料一般不会改变。

  吊脚楼按照其平面布局方式，一般可分为"一"字形、"L"形、"簸箕口"形、"回"字形。[①]"一"字形主要呈"一"字排开而建，它是最基本的住宅形式，一般对称建设，正中间为堂屋，主要用于供奉祖先灵位、遗像，婚丧嫁娶，重大节日拜祖，或平日里接待重要客人。两边依次布置卧房、厨房等。正屋一般不吊脚，但随着地形变化，也有吊一头或两头的。"L"形一般在"一"字形建筑的基础上，要么一家人建造吊脚式的厢房等，要么为两家合建建筑。在"一"字形两侧加建与其呈90度垂直的厢房或"一"字形住宅，即为"簸箕口"形。"回"字形一般也称"四合院"形，由堂屋、厢房或其他裙房组成封闭型居住院落，一般留有较小的出入口。"一"字形与"L"形吊脚楼一般为单家独居，"簸箕口"形与"回"字形吊脚楼往往为同姓家族或异姓人家共居。一般而言，无论是同姓还是异姓，其祖上往往存在联姻或直系血缘关系。院落式聚居的村民或是同姓同族一寨，或是几姓一寨，建筑屋檐一般彼此连成一整片，建筑墙体以户为单位相隔。

  山地地形的变化赋予了吊脚楼独特的形态感染力，呈现出轻巧、灵活的形态特征，屋顶反翘、屋面举折和飞檐使吊脚楼在安定、踏实之中增添了飞升、飘逸之势，避免了头重脚轻之感，呈现出富有节奏感的艺术韵味。建筑色彩基本以材料的本色为主，灰黑色的小青瓦，栗色屋架与墙体，掩映在葱茏的绿色中，强烈的色彩对比，

[①] 刘晓晖，覃琳．土家吊脚楼的特色及其可持续发展思考：渝东南土家族地区传统民居考察[J]．武汉理工大学学报（社会科学版），2005，18（2）：273-276；王希辉．土家族吊脚楼的文化内涵与传承[J]．重庆社会科学，2008（2）：92-95．

图 2-2 吊脚楼——九黎宫正面

图 2-3 吊脚楼——九黎宫侧面

突出了灰暗天空下鲜明的建筑形象。①

三、峡谷人家

渝东大巴山与两个不同走向的盆东褶皱带、湘鄂川黔隆起褶皱带复合于巫山山脉，使渝东地区形成向西张开、向东闭合的特殊"帚状"或"梳状"地理构造形态。再加上长江和亚热带季风气候区的其他山间河流的强烈侵蚀作用，渝东地区形成了山峦起伏、沟谷纵深、地形破碎的峡谷地貌。山川河谷，风光旖旎，集雄奇险秀于一体。人们逐水而居，聚居于江溪沿岸或山间谷地。

由于长江的洪水泛滥与历史上的连年战乱，沿江村落保存时间一般不长，难以形成像大寨村那样年代久远的山间村落，但这并不意味着渝东峡江地区鲜有时间长久的人类聚落。由于沿江商贸的繁荣，地理区位较好的村落逐渐发展成为商贸重镇，甚至是经济、文化、政治、军事重城，如夔州古城、西沱古镇等。由于三峡水库的建设，多数古老的城镇或被江水淹没，或被夷为平地。

四、逐盐而居

巴蜀地区盛产井盐，巴蜀地区的先民与鱼盐之利息息相关。巴人虽然亡国，但是巴盐经济和"巴盐古道"在巴蜀地区一直占据举

---

① 聂凌.对中山古镇传统民居：吊脚楼的分析[J].现代农业科学，2009，16（6）：115-116.

足轻重的地位，对军事和经济产生了重要作用和影响。盐成为影响渝东千年兴衰的关键，长江则是峡谷文明沉浮的"工程师"。

人们围绕盐场或沿着运盐古道而居。运盐古道有水路，也有陆路，但水运交通天然的便利性与低成本使长江成为渝东地区主要的盐运通道。在地理条件较好、商业价值较高的沿线地区，逐渐产生了大大小小的聚落，这些聚落往往以村落、城镇、碉楼等遗址形态呈现。商业利益成为这类聚落形成、兴衰的纽带，商业兴则聚落兴，商业衰则聚落衰。这与以血缘为纽带的宗族式聚落有着较大的差别。从民居的形式方面看，风火墙、大挑檐、天井等特点[①]比较明显；在功能方面，商旅服务、军事防御等功能较突出；在文化方面，更多地体现为流动的移民文化、重商的商贾文化以及注重防御的军事文化；从空间格局来看，巴盐的产地与贩地基本构建了巴盐古道的空间廊道与线性文化，长江三峡及武陵地区的聚落基本以此点轴格局分布。巴盐古道不仅是西南地区经济连接的纽带，也是国家权力主导之下极力发展的民族走廊，千百年来，它不断促进着中华"国家化"的历史进程。[②]

五、滩流聚落

水不仅是生命之源，在渝东沿江民众眼里，江亦是兴旺之基。江流在平缓地区流速减缓，逐渐形成冲积平地，人们择地质坚固、水文

---

① 赵逵. 川盐古道上的传统聚落与建筑研究[D]. 武汉：华中科技大学，2007.
② 陆邹，杨亭. "巴盐古道"在"国家化"进程中的历史地位[J]. 成都大学学报（社会科学版），2014（5）：56-63.

稳定的地块定居。长江是巴渝地区水流量最大的江流，它塑造的平坦滩流较大、较多。同时，长江是渝东地区重要的经济航线，渔业与运输业在这条黄金水道上欣欣向荣。生存机会的增加，吸引了人流的集聚。在历史的长河中，滩流聚落数量逐渐增多，规模逐渐扩大。小到沿江一两户捕鱼人家，大到物流集散小镇，甚至是大城市。

由于三峡大坝的建立，沿江众多滩流聚落均搬迁，原聚落被江水淹没，现存滩流聚落较少。在山间其他河流的冲积平原中，现存较少较小的村落。规模较小的村落一般以农耕为生存之本，大的滩流聚落（如集镇）一般成为重要的商贸中心，经商或码头搬夫成为大多数人的职业。在这些搬夫中，为零散客人临时挑运货品的，一般被称为"棒棒"。

六、军事城堡

渝东地区背斜成山，向斜成槽，万峰磅礴一江通。其地势复杂，山峦陡似城垣，峡谷窄如走廊，历史上以"上扼巴蜀，下控襄阳、秦川锁钥"著称，为兵家必争之地。人世沧桑，兴衰起伏。从春秋战国时代楚、夔、巴、蜀的纷争到三国夷陵之战，从张献忠五次入川到"夔东十三家"起义等，战争、饥荒、瘟疫经常在这块土地上肆虐。"血染瞿塘草色斑"，历史的悲剧和喜剧在这块土地上轮番演出。杜甫的"白帝城中云出门，白帝城下雨翻盆。高江急峡雷霆斗，翠木苍藤日月昏。戎马不如归马逸，千家今有百家存。哀哀寡妇诛求尽，恸哭秋原何处村"哀叹了渝东地区历史的兴衰与战争的残酷。刘伯承的"微服孤行出益州，今春病起强登楼。海潮东去连天涌，江水西来带血流。壮士未埋荒草骨，书生犹剩少年头。手执青锋卫共和，独战饥寒又一秋"感慨着和平的来之不易。

然而，人事有代谢，往来成古今。战争留下的残垣断壁，成为世人对历史的感叹与对英雄的缅怀。出于战争防御的需求，石材是人们优选的建筑材料，其中规模较大的聚落便是石楼寨子。民国以前，各类石寨较多。民国以后，石寨逐渐被摧毁，如今所剩不多。石楼寨子一般为当地富绅在地势险要的山峦峰顶或偏僻峡谷修建，寨墙极厚，十分坚固；墙上一般有瞭望口、枪眼，便于御敌。较大的寨子往往功能齐全，除了大量的住房供主人及帮工、佃户居住以外，还有菜园、鱼池、豆腐坊等，俨然一个自给自足的小王国。正如云阳县磐石城，乃"夔门之砥柱，东川之保障"。

第三节
非物质文化景观

一、饮食习俗

"八山半水一分半田"的顺口溜，说的正是武陵山区田地资源相对稀缺。该地区田地主要分布在盆地或坡度较缓的山腰，山间谷地也有部分稻田。武陵山区气候适宜，四季分明。春早，升温快，偶有寒潮；夏长，无酷热，多伏旱；秋短，有低温，多雨；冬迟，少雨，有霜雪。此地是玉米、小麦、土豆、水稻、红薯等粮食作物的适长区，也是辣椒、花椒等作物的适长区。春种，夏耘，秋收，冬用，人们世代恪守着与时间的约定，并逐渐形成了自己的饮食特色。

（一）稻田生香

稻米是武陵人的主要食材。此地稻米主要分为糯米（当地人俗称"酒米"）与籼米。糯米产量较少，主要为节庆食材，例如众所周知的汤圆、粽子、糍粑。在武陵山区，人们还常用糯米做米饭、酿造米酒、制作米花糖（当地人俗称"米米"）。米花糖是将糯米炒膨胀后，与麻糖、坚果等一起制作的糕点，是土家族人年前必备的春节点心。大年初一后，晚辈提着礼物到长辈家拜年，待离开时，长辈会给晚辈回礼，一般就是压岁钱和一小块米花糖。

除了"高贵的"糯米外，籼米是人们日常饮食的主要食材。按传统习俗，当有重要的客人来访时，人们会用木桶蒸饭招待客人，以表示对客人的尊敬。平日里，一般会有香喷喷的洋芋饭。"洋芋"，是当地人对"土豆"的称呼。做法很简单，将半熟的米与土豆一起焖制即可，但吃起来满口生香。在清晨的村庄里，炊烟袅袅下是那飘香四溢的饭香。鸡鸣狗叫，乞述着对美食的迫不及待。人们早早地吃上一顿美味的早饭后，就会开始一天的劳作。

籼米除了用作日常主食以外，还会被人们制成各种美味的菜肴，米豆腐、米粉、粉蒸肉等，也是武陵人家餐桌上的美味佳肴。

（二）盐制美味

四川盆地盛产井盐，且巴盐古道使购销比较便利。随着人们厨艺的发展，盐从人们餐桌的主调料逐渐向生活的调味剂角色转变。除了必要的菜品加盐外，人们普遍使用盐腌制不易保存的剩余农产品。首屈一指的腌制品便是腊肉。每年除夕将至，家家户户便宰杀饲养的家畜与家禽，将短期内无法食用完的肉用盐腌制，并悬挂在灶台或火塘的上方。在盐水的包裹与柴烟日复一日的"洗礼"下，腊肉逐渐从新鲜的白色转变为香气四溢的金黄色。在重要的节日里或家里有重要客人的时候，豆豉炒腊肉或是淀粉腊肉果果便是上好的佳肴。另外，咸菜也是农户厨房的必备品。人们腌制萝卜、辣椒、酸肉、霉豆腐、禽蛋等，用来日常拌饭或作为炒菜的辅食。

二、服饰民俗

（一）头帕与虎头帽

头戴布、帽是武陵土家族的习俗。小孩儿从出生到十岁左右，均须戴虎头帽，其中男孩儿戴虎头帽的居多。虎头帽一般由家里手工活较好的祖母缝制，代表着长辈对晚辈的爱怜与呵护。因土家族信仰白虎，虎头帽上一般绣上白虎之像，并以银、锡、玉等器物作为装饰。"虎头帽"由虎像得来，渐渐地，虎头帽上不一定有"虎"，但少不了手工绣纺的各式彩色图纹。流逝的岁月渐渐带走了孩童的稚气，虎头帽被替换为头帕。男女头上包7—9尺长的白帕，女帕最长可达2.4丈。随着现代文明的发展，城市中除少数年龄较高的老人依然佩戴头帕外，已鲜有人佩戴。但在农村地区，特别是在交通相对闭塞的传统村落，较年长的长辈依然保留着这样的习俗。

平日里，苗族人也多习惯用青丝大帕缠头。在节庆时节，苗族女性凡遇隆重节日、走亲访友，都喜欢着盛装，佩戴银耳环、手环、项圈等装饰品。满周岁的孩子头上往往佩戴有银质罗汉的罗汉帽，以示吉祥。

（二）衣服和鞋子

渝东南土家族男上装一般为"对襟衣"，安布纽扣5—7颗；女上装一般为"右开襟"，领大而短。下装一般为灯笼裤。

苗族男女上装衣领和右上侧各有5对布扣，右下侧为3对布扣。下装一般为大脚裤。

绣花鞋、解放胶鞋是村民惯穿的鞋。

在过去农业经济时代，人们缝制衣物以自足。随着纺织工业的发展，村民普遍以购买工业化的现代服装为主，传统的人工缝制衣物逐渐在成本、样式上失去了优势。除了老年人尚有部分传统衣物存留且使用外，青年人基本不再穿戴土家族、苗族的传统服饰。尽管如此，随着人们文化自觉度与自信度的提升，以及文化旅游经济的发展，传统的民族手工饰品成为市场的特殊商品，即部分村民会手工制作本地服装、衣帽，拿到市场上销售，甚至还有村民将自己家作为绣品的销售场所及"家庭市场"。

三、婚丧与生子

（一）嫁娶

男大当婚，女大当嫁，乃千古常情。武陵人家嫁娶大有讲究。

首先，经过媒人介绍后的男女要"看人家"。在媒人的带领下，女方及近亲属一同前往男方家中"探访"家庭情况。女方一般上午出发，在男方家中吃午饭，下午离开。离开之际，男方父母依礼给予女方及其亲友红包，以示诚意。

其次，待男女双方感情稳定后，进入订婚阶段，俗称"取同意"。订婚当天，男方请媒人到女方家里接女方及近亲属。女方母亲及近亲属可一同前往男方家中参加订婚礼，但父亲不能参加。在男方家中的堂屋里，双方当事人及其亲属共聚一堂，探讨婚嫁之事，主要内容为婚嫁相关的聘礼与嫁妆事宜。双方能达成一致意见，意味着男方取得女方婚嫁同意。女方在离开时，男方家长会给予女方一定数额的"订婚礼"。

再次，新娘出嫁的前一天，女方会邀请亲戚朋友参加送饭礼，也称"夜莺酒"或"花圆酒"。

第二天为正酒日，即男女双方正式结婚的日子。早上，新娘家中依旧需要好酒相待亲朋好友。同时，新郎带着亲朋好友、鼓乐队、聘礼到新娘家中娶亲。新娘当天将换上新郎带去的全套全新礼服，带上缝制的西兰卡普等嫁妆告别父母，嫁入郎家。新娘的兄弟姐妹会送亲，将新娘送入新郎家中，送亲的队伍中一般会有一对头婚且未离异过的夫妻当主送人，既意味着明媒正娶，也寓意着新娘、新郎能同样永结同心、白首不离。到新郎家中之后，新人拜堂，随后送入洞房。结婚的当天，锣鼓、唢呐乐队一般会间歇性演奏一天。

正酒的第二天，新娘便携新郎回娘家拜见父母，俗称"回门"。随后，男家要设宴谢媒。除宴请以外，还要向媒人送衣料、酒肉等物品。

嫁娶是人生大事，一般而言，该有的程序都会有，只是规模会因当事人家境状况的不同而有所异。

（二）丧葬

当人过世后，家人会为其举行隆重的丧葬仪式，一般在家里的堂屋设置灵堂。在棺材前，为免亡灵受落亡之苦，会用竹篾席、床帐挡着。下葬的时辰一般会选在黎明时分，在阴阳师的护送下安葬逝者。当地普遍采用土葬的方式安葬亲人，但也有少许沿江人家采用岩葬。

在举行丧葬仪式后的当夜，逝者家属、亲朋会彻夜不眠"坐夜"（守灵）。一般人们处于悲恸的状态，会流下伤心的眼泪；但土家族人会以唱的形式表达对亲人离世的悲伤与不舍。哭唱的内容多为逝者一生的经历和作为，表达着生者对死者的感情和哀思。有些经济条件较好的家庭，会请歌师于夜间轮流唱孝歌以守灵。

围绕逝者舞狮、舞龙灯，俗称"跳丧"，也是悼念礼仪之一。

（三）生子

每当家中喜添贵子，主人家会往娘家报喜，告知亲友，择吉日过"粥米客""打酸糟""打三朝"，即新生儿的出生礼。选择双日还是单日，由婴儿的性别决定：是男孩儿，就选双日；是女孩儿，则选单日。

乡村熟人社会重视人情往来，礼物和礼金的交换，加强了族群的认同感和凝聚力。[①]吉日当天，亲朋好友会送上小孩的衣物、醪糟、鸡蛋等，恭贺主人家喜添贵子，俗称"送饭"。主人除了设宴招待亲朋好友以外，还会回赠外面涂着可食用红色添加剂的鸡蛋，以庆祝新生、寄托生生不息的愿望。在庆祝的酒席上，第一道菜必定为汤圆鸡蛋。

四、劳动民俗

（一）摆手舞

摆手舞是土家族人喜闻乐见的舞蹈之一。山里道路崎岖陡峭，生存的一切来源均要以勤劳的双手为支撑。土家族人勤劳朴实、勤俭持家，"好吃懒做赶浪子，拖衣落食跟衙门"的顺口溜、"早睡早起，存谷烂米"的谚语等都表达着当地人朴素而勤恳的生活观念。在一年四季的农忙中，春季有插秧播种的勤劳，夏季有锄草除虫的辛劳，秋季有收割的喜悦，冬季有享用的幸福。土家族人用摆手的形式将生活的种种智慧与点点劳苦展现出来，渐渐地形成了摆手舞。

各地区摆手的具体形式不一样，一方面由于摆手舞本没有形成大规模群体性的、约定俗成的规范动作，另一方面大山里相对较弱的文化自觉性使很多摆手舞蹈动作并未得到较完整的记载与传承，

---

① 刘坤.传统的继替：基于村落社会空间变迁的人类学考察：以重庆石柱土家族自治县国锋村为例[J].民族论坛，2016（2）：104-109.

因此现在很难寻觅到原始的土家族摆手舞。

渝东南部分区县现有的土家族摆手舞蹈动作大都由政府官方机构编排，并扩散至民间学习，甚至扩散到中小学生的体美课程中。如石柱土家族自治县民族中学将土家族摆手舞与课间广播体操放在一起，让学生们日常练习。舞蹈的动作多取自村民日常的生活、劳动场景，如赶鸭、收割等。

（二）重庆号子

"绿遍山原白满川，子规声里雨如烟。乡村四月闲人少，才了蚕桑又插田。"农忙并不专属于诗人翁卷笔下的江南。在山里，为抢时令，大家会团结邻里互帮互助。在中国传统的乡村社会，熟人关系或亲属关系是维系社会团结的基本方式，互助是一种不需要现金支付来维系人际关系的方式之一①。劳作过程往往是艰辛的，为了鼓舞人们的劳动情绪，土家族人会随性引吭高歌，一人就地以锄为鼓、为锣引吭，众人和唱，打闹号子便成为田间、山头那欢快的音符、情感的桥梁。它是一种独特的民间艺术，是山歌的一种形式，曲牌十分丰富，唱词一般不重复，见什么唱什么，有时也无唱词，全以"啊"声替代。具有代表性的金锁号有唱词，部分词为"金锁喂，金锁喂，金锁那银锁，才那奴情锁，奴郎才叫老板锁"等。《彭水县志》载有知县陶文彬的《劝农诗》："村村打闹唱秧歌，男妇齐来插早禾。"

与打闹号子类似的还有石工号子、抬工号子、上梁号子等，均

---

① 刘坤.传统的继替：基于村落社会空间变迁的人类学考察：以重庆石柱土家族自治县国锋村为例[J].民族论坛，2016（2）：104-109.

是劳动者在聚众劳作之时随性而发的歌曲形式，但也不乏因旋律优美、歌词情真意切而形成具有共识性的号子。例如，石柱县"太阳出来喜洋洋"的啰儿调尤其受到人们的喜爱，部分歌词为"太阳出来啰儿，喜洋洋啰啷啰，挑起扁担啷啷扯光扯，上山岗哟啷啰"。

长江上的川江号子也是劳动者之歌。它由一人领唱、众人和，不同强度的劳动有不同节奏的号子。船离岸或靠岸时唱《拖杠号子》，拉纤时唱《外倒号子》，船工揽绳而上时唱《捉捻（缆）号子》等。① 川江号子是调节劳动气氛、表达内心感受的一种民歌，根据主要表达的情感，大致分为涉及川江沿线滩名、地名等的地名号子，表现船工们齐心协力战胜困难的决心和勇气的劳动号子，反映纤夫情感世界及家庭生活的情歌号子，反映时局的时政号子。②

地名号子：

朝天门开船两条江，大佛寺落眼打一方。茅溪桥落眼杨八滩，黑石子落眼下寸滩。张幺河下朱老滩，到了唐家沱要点关。大兴场落眼黄腊滩，猪鸭子下礁巴滩。野骡子下石滩，鱼嘴下有狮母滩。叶桥子下是剑滩，太洪岗落眼上前滩。洛碛落眼红石滩，横板石下娃娃滩。鲁家溪下田家滩，肖家石盘下王家滩。长寿麸醋溜溜酸，木鱼碛下雷福滩。花园石下磨盘滩，涪陵有个荔枝园。青滩泄滩不算滩，崆岭才是鬼门关。

---

① 四川省奉节县志编纂委员会.奉节县志[M].北京：方志出版社，1995.
② 邓晓."川江号子"的文化内涵[J].中华文化论坛，2005（1）：17-22.

劳动号子：

　　路遇障碍物：（领）青石放光，（答）各踩稳当。（领）这才叫滑，（答）"天九"打"地八"。（领）稀泥巴，（答）看到蹅（踩）。（领）中间一摊油，（答）脚踩两遍溜。（领）横龙（沟），（答）顺踩。（领）当中一条线，（答）踩到沿上转。（领）拐拐路，（答）走宽处。（领）花花路，（答）踩干处。（领）滑滑儿的，（答）稳稳儿的。（领）踩左，（答）有我。（领）踩右，（答）将就。（领）下脚挺底，（答）两头掳起。（领）掳起莫放，（答）放嗒照样。（领）照样的，（答）还样来。（领）夹漕，（答）顺倒。（领）天上乌云跑，（答）地下乱草草。（领）巾巾绊绊，（答）一脚踩断。（领）黄丝缠脚，（答）金蝉脱壳。（领）前转左手，（答）后转右手。（领）说转就转，（答）说圆就圆。（领）人走桥上过，（答）水往东海流。（领）满天星，（答）照星点（踩）。（领）左（右）边靠（歇气），（答）那就好！（领）夹漕两空，（答）踩在当中。

时令号子：

　　　　　　正月里来正月中，大户人家请长工。
　　　　　　讲的价钱八吊八，草帽汗帕没算它。
　　　　　　二月里来二月中，我背铺盖去上工。
　　　　　　路上走得慢慢擦，老板家没见烟和茶。
　　　　　　三月里来三月中，老板秧子青蓬蓬。
　　　　　　白天栽秧三大挑，夜晚扯秧没算工。
　　　　　　四月里来四月中，老板麦子黄蓬蓬。

白天割麦三大挑,夜晚碾场没算工。
五月里来五月中,蚊子虼蚤咬长工。
老板罩的纱罗罩,长工罩的空架架。
六月里来六月中,太阳大了晒长工。
老板打的青洋伞,长工戴的十八转。
七月里来七月中,老板打纸敬祖宗。
我说回去烧一张,老板说是误了工。
八月里来八月中,老板谷子黄蓬蓬。
白天割了三大挑,夜晚碾场没算工。
九月里来九月中,老板高粱红蓬蓬。
老板喝的上等酒,头头尾水待长工。
十月里来十月中,老板红苕黄蓬蓬。
老板吃的白大米,红苕洋芋待长工。
冬月里来冬月中,大雪下来冷飕飕。
老板烤的白炭火,大雪飘飘冻长工。
腊月里来腊月中,老板杀猪待长工。
我偏不饱饱吃,也不饱饱胀。
老板待人心太狠,明年屙尿也不向你这方。[①]

在机械化与自动化解放劳动力的今天,川江号子逐渐淡出人们的视野,只有少数沿江村落的老人在劳作时会独哼一两首。见证一地千年兴衰,世代人伦更迭的川江号子,也有其独特的乐理特征。从川江号子的调性来看,调高位置灵活性很大,主音在G或者

---

① 四川省巫山县志编纂委员会.巫山县志[M].成都:四川人民出版社,1991.

A，甚至更高的位置（具体音高还是依赖于人的嗓子而定），旋律在12度左右；从调式来看，以五声音阶为主，属于典型的汉民族调式；从情绪布局来看，它与传统的民族审美习惯一致，在总规律上以"散"→"慢"→"中"→"快"→"散"为基础；从表现形式来看，川江号子领唱与合部形成的有机组合是突出特点之一。[1]川江号子是人类奋进的见证，具有丰富的遗产价值，是中国历史上较早的多声音乐雏形之一，丰富了其流传区域内民间音乐的节奏形式，成为巴渝民族传统音乐文化的一个缩影，也是研究长江流域风土人情和自然景观的重要史料。[2]重庆现存的川江号子见表2-1。

表2-1　重庆川江号子的分布地区及名称 [3]

分布地区	主要流域	号子名称
重庆市	嘉陵江干流和涪江、渠江	"桡号子"、"扳桡号子"（江南牡丹朵朵红）、"橹号子"、"拖杠号子"（船离岸时唱）、"快橹号子"（闯沱号子）、"扳艕号子"、"进出挡号子"、"抓抓号子"、"壮壮号子"、"提舱号子"、"抛河号子"、"下水号子"、"逆水号子"、"数板"、"鸡啄米号子"、"幺二三号子"、"斑鸠号子"、"驳船号子"、"交架号子"、"外倒号子"（拉纤）、"捉捻号子"
江北区	御临河	"上水号子""下水号子"
涪陵区	乌江	"夺夺号子"（拉滩）、"横艄号子"（推船）
万州区、巫溪县	大宁河	"过河号子""平水上滩露尾号""平水拉滩号子"
万州区、云阳县	汤溪河	"拉滩号子""撑船号子"
潼南县	涪江	"搭水号子""打艄号子""抓抓号子"

---

[1] 张永安.川江号子与巴渝地方戏曲音乐的发展[J].重庆社会科学，2008（7）：79-85.
[2] 周冰颖.川江号子的文化价值及其保护传承问题研究[J].中国音乐，2007（3）：172-174.
[3] 伍明实.川江号子现状调查报告[J].中华文化论坛，2011（3）：34-42.

五、节日习俗

长江、古道等带来的民族融合，促进了地区文化的融合。和其他地区一样，巴蜀地区也有春节、元宵节、清明节、端午节、中秋节、重阳节、除夕等节日；但少数民族有一些特殊的节日，比如鼓社节。

春节一般吃汤圆、扣肉，忌讳说不吉利的话，也忌讳见扫帚等清洁工具。

清明节祭祖氛围不及其他地区。当地村民一般在除夕或春节祭祖，不仅会在家中正堂写祖符向祖先拜年，也会购买冥币、鞭炮等祭祀用品，到祖先坟前祭拜。因此，清明节一般只在祖先坟前插坟飘、烧点冥币或直接不祭祖。

端午节也称为端阳节，分为"大端阳"与"小端阳"，大端阳在农历五月初五，小端阳一般在农历五月十五。当地人更看重大端阳，大端阳的节日氛围一般比小端阳氛围浓厚。大家一般会在当天包粽子庆祝节日，油炸麻花也是端阳节必备的节庆小吃。

中秋佳节，除了月饼以外，糍粑是当地人餐桌上庆祝佳节的必备食物。在一定程度上，用秋收糯米做的糍粑才更能衬托佳节的气氛。它虽制作工艺简单，但在碾压的过程中，带给家人更多的欢乐与期待。

年底将至，人们往往宰杀饲养一年的大肥猪，并请亲朋好友前来一同享用新鲜的猪肉，俗称"吃刨汤肉"。每户人家杀猪后都会邀请大家吃刨汤肉，整个腊月，乡村都会沉浸在丰收、享用的喜悦中。土家族人无论是节庆还是平日里亲朋好友上门做客，都会做九个菜来款待，俗称"九大碗"。在重大节庆的"九大碗"中，粉蒸扣肉、喜沙扣肉是必备菜肴。

渝东南地区的苗族人往往聚族而居，形成同姓寨子。在初春或秋后的农闲时节，一寨或关系较好的数寨苗族人会聚在一起，举行祭奠先祖的鼓社节。他们往往杀猪宰牛、跳木鼓舞，吹奏芦笙等乐器。这种以敲击木鼓起舞来祭祀祖先的舞蹈形式，被认为是族群用身体符码编码而成的一种文化沉淀和叙事方式，具有刚柔并济的舞蹈美、音乐美，应物象形的神性美，单纯而不单调的服饰美等特征。[1]

六、神话与巫鬼

在一定意义上，神话传说是早期人类对未知世界的解释与期盼。渝东地区是巴渝文明的兴盛之地。在这里，不仅有滚滚江水带来的富饶，也有烟峦万状、怪石百变催生的神话传说。巫山女神瑶姬与楚王的故事，是三峡地区家喻户晓的传说。自屈原作《山鬼》，宋玉作《高唐赋》与《神女赋》伊始，字字珠玑引无数名宦宿儒、骚人墨客，徜徉其间，不可自拔。

与神话相应而生的是巫鬼信仰。巫鬼信仰在生活的许多方面都有体现：每逢春节、端午节、中秋节等重大节庆，家家户户会在堂屋设符祭拜祖先；每逢亲人去世，家人会请阴阳先生为亲人超度灵魂，墓地的选择及下葬的时辰也有讲究；还有祭灶神、山神，辟邪驱鬼、讨茶水治病的巫医文化等。即使在医学较发达的现代，当医学无法治愈某些疾病时，人们依然会寄希望于鬼神。当家中突然有

---

[1] 贺龙熙. 苗族反排木鼓舞的审美特征[J]. 科学与财富, 2015（9）: 86.

大飞蛾或怪异的动物时，人们相信那是祖先灵魂的化身，一般不会赶走或杀害，而是待其自然离去。

此外，重庆现存的众多神庙也是人们信仰的见证。

第四节 典型聚落

一、大寨村

大寨村位于秀山土家族苗族自治县县城西南侧，距离县城约20千米，距离清溪场镇约10千米。村落现有30年历史以上的土家族民居建筑222幢，其中有4幢建于清末。全村250户人家，土家族占总人口的90%，是杨氏土家族聚居的民族自然村落。

据族谱记载，在约600年前的明代初年，大寨村的建村始祖杨秀高为逃荒，带领族人到此地形隐蔽、山水环绕、安全宜居的地方定居繁衍生息。据悉，大寨村初名"鬼板溪"。板，川渝方言，挣扎、出没的意思。鬼板溪，即鬼出没的有水源的地方。杨氏开发村落之初，在当地建设红房子，"鬼板溪"遂改称"红板壁"。后因虎豹出没，又更名为"黑虎寨"。到了清末民初，因更名黑虎寨以来，村里人丁生病去世者较往时为甚，考虑到"杨"与"羊"谐音，而"羊生虎口"不吉，又因杨氏族人繁衍生息、村落壮大、人才辈出，遂由当时族人领袖杨杰堂提议，更名为"大寨"。

山前山后、寨内寨外，保留着完整的土家族建筑群，是目前秀山民居传统村寨保存最完好的村落，被称为武陵山区土家族传统建筑的活标本，属于国家特色民族保护村落[①]。2014年，大寨村被列入第三批中国传统村落名录。2019年，大寨村入选国家森林乡村名录。

村落东北、西北方向有两山拱卫，北面有如雄鸡向天引吭高歌的鸡公岭山围绕，整体犹如处在"簸箕形"山窝的中央。从鸡公岭山俯瞰全村，就好似"仙人撒网"。从局部来看，村落格局是典型的依山傍水、道法自然的营建特征。整个寨子"挂落"在佛娥山的山腰间，由堡坎层层叠加形成。因而寨子一般由上而下分为上寨、中寨、下寨，整体呈现出完美的秩序感。也有传闻说寨子里下寨重文、中寨重武、上寨重农。寨前响水岩河静静流淌，几百年来哺育寨子的子子孙孙。一排排南北向布局的民居，与响水岩河、对门坡和谐地融合在一起。

大部分传统村寨民居保存较完好，有30年以上的历史，具有土家族建筑特色，以"一"字形三开间的座子屋为基本模式，正屋两边建厢房。在此基础上又有若干变化：若一侧端间伸出，变为厢房，则平面变成"L"形；若厢房前檐呈阁楼式上翘，楼盘外不落脚，悬在二楼，则为走马转角楼，俗称"吊脚楼"。座子屋两侧的山墙还可以加偏厦。绕宅外后部及两侧设有明沟排水。全木质房屋结构，分"五柱六"（房屋两边分别有五根柱头顶住六根瓜桶，其上架中梁，再上为上梁）、"五柱四"和"三柱四"等。为了防止发生火灾，每栋房屋都修有隔火带，大多数人家房前屋后都有水井。当

---

① 黄心怡.秀山清溪场镇大寨村[EB/OL].（2018-04-02）[2019-05-10].http://huodongzq.cbg.cn/hdbk/m1xc/2018/0402/10063079.shtml.

下，尽管小部分民居因现代化的生活需求在选材、屋内摆饰方面有所改变，但整体风貌并未有本质变化。小青瓦、木材、石阶、小桥，处处透露着村落的古朴与文化沉淀。

近年来，大寨村走上"在保护与传承中发展，在发展中保护与传承"之路。村内制定了民居改建的村规民约，新修房屋一律用木质材料，任何村民不得破坏现有的村落空间布局，不得随意破坏古桥、古井、古庙等古建筑，不得随意砍伐树、竹、花木等自然植被。同时，政府出资进行除险加固、改善风貌、建设基础设施、恢复古建筑等。村民与政府的合作，使这座古老的寨子得以更好地保存下来。为给寨子注入更多的活力，也为村民拓展增收渠道，

图 2-4　大寨村

村落近年来发展起了旅游业。通过对上述传统民居的保护，特色民宿与土家族生态美食成为村落旅游发展的一大亮点。根植于村庄的文化也被村民传承下来并发扬光大，每年都会举办的"龙灯闹春"、土家摆手舞、跳花灯、狮子灯、"三月三"打粑粑、供奉"火星菩萨"、闹社、打绕棺、哭嫁等土家族特色传统风俗活动使更多的游客慕名而来，进一步增添了寨子的活力。

二、宁厂古镇

宁厂古镇位于大巴山东段，在素有"巴夔户牖，秦楚咽喉"的巫溪县附近，是成都平原、关中平原、江汉平原三大地理单元及其历史文明的交会交融之处。大宁河支流后溪河沿镇流淌而过，南北高山耸立，东西峡谷穿透，是渝东北地区典型的峡谷型聚落。具有依山傍水、狭长通透的显著空间格局特征。

古镇受两山峡谷地理格局的制约，在千百年的发展中，整体格局未有较大变化，沿着后溪河呈带状结构发展。同时，古街内部的格局也受地形的影响，并非完全是"双街"，而是局部地区呈现山地沿河聚落特有的"半边街"，其"七里半边街"就是由此而来。[1]

宁厂古镇在历史上是川东地区四大盐场之一，也是中国早期制盐地之一。宁厂盐业大规模发展始于秦汉，自汉代设置盐官开发巫盐至20世纪90年代结束手工制盐，历史逾2000年。此地因盐而兴盛，历史上曾设立郡、监、州、县，有过"一泉流白玉，万里走黄金""吴

---

[1] 赵万民.宁厂古镇[M].南京：东南大学出版社，2009.

蜀之货，咸荟于此""利分秦楚域，泽沛汉唐年"的辉煌以及"日有千人拱手，夜有万盏明灯"的繁华，被坊间誉为"上古盐都"。

由于盐业的衰败，古镇亦不再如昔日繁华，但古镇的建设格局与制盐遗址被保留了下来。2010年，古镇被评为中国历史文化名镇。再加上近年来大力发展旅游业，宁厂古镇从"沉睡"中醒来，重新焕发魅力。

相关部门正在开展对古镇的保护工作。一是从文化着手，留住古镇文化根脉。通过系统梳理古镇盐文化、巫文化、商帮文化、建筑文化、民俗文化、宗教信仰、军事文化等，将文化活化利用与传承融入古镇居民日常的生活

图2-5 宁厂古镇

与旅游服务业中，注重文化的原真性。二是保护古镇的山水环境格局、景观风貌、遗址遗迹，从物质形态上留存古镇历史的印记，突出文物保护的整体性。三是注重保持古镇原住居民的生活形态，不随意迁移原住居民，留住古镇的"活化石"，突出古镇保护的系统性。在整体上，通过陈列展示、遗址参观、民俗体验等方式，对古镇的物质文化、非物质文化进行综合活化利用。

三、永乐村

永乐村位于綦江区东溪镇西南端，东与盆石村接壤，西与白云寺村、巩固村相邻，北接长堰村，南靠上榜村，距镇政府所在地500米。

由于永乐村位于綦江河、东丁河、福林河河畔，早在唐太宗贞观年间，人们便聚居于此，村民称为"三河来潮"。村中王爷庙的石碑上记录了永乐村曾经的繁华："三河交汇，乃云、贵、川水陆交通之要冲，历来为行旅商帮交易议事之所。黔边川境，农副土特、盐铁棉纱、油酒百货，均经此转运云贵经销。江水滚滚，南来北往，日间百舸争流，夜里灯火辉煌。栈店人声鼎沸，街道行旅并肩接踵，盛极一时。每当庙会、节日，则商贾云集，游人香客川流不息，更是盛况非凡。"[①]

永乐村是綦江河古码头之地，西汉时就开辟的川黔盐茶古道穿场而过。至今，村道两旁的明清建筑错落有致，大水巷、小水巷、三

[①] 冯骥才.20个古村落的家底：中国传统村落档案优选[M].北京：文化艺术出版社，2016.

合楼巷等与环境相吻合，布局灵活，形成富于变化而整体协调的空间格局。村落建筑多为具有巴渝地方特色的传统民居，穿斗结构，青瓦屋面，深出檐，色彩素雅，以一层为主，相互毗连。王爷庙、太平桥、上平桥、观音阁、南平僚碑、"抚我孑遗"碑、神石等散布于村中，是永乐村过往繁华的见证。其中，王爷庙有近300年的历史，坐落于太平桥边，是一座完整的砖木结构四合院建筑。中轴线上，从前到后依次是山门、戏楼、庙坝、正殿，两侧是厢房；太平桥横跨于东丁河与福林河入綦江河的交汇处上，呈南北走向，始建于明代洪武三年（1370），栏杆两边长满了绿色的苔藓；上平桥位于东溪镇太平桥、东溪镇三合楼以北约300米处，同样呈南北走向，建于清代康熙年间。村巷多为石板铺砌，宽4—5米，与沿巷村落建筑物相得益彰。青石板路旁的黄葛树树根伸到了青石板的缝隙中，几乎"无孔不入"。参天的黄葛树多达5000余棵，百年以上的300多棵，最古老的已有1000多年。树上长树，根须盘根错节，如云如冠。

永乐村的民俗活动十分丰富，有民歌、石工号子、川剧坐唱、打腰鼓、闹花船等。其中，永乐村的石工号子可分为开山号子、迁石号子、抬石号子3类，几名石工扯开喉咙喊出高亢嘹亮的号子，歌词为即兴而作，旋律余音绕梁；闹花船的表演者拥簇花船，在锣鼓点子的指挥下，做出各种动作，忽而柔情似水，忽而刚强猛烈，舞者配合默契，动作整齐。

永乐村的东溪腐乳、刘氏黑鸭、柴坝花生、黄荆豆花等美食风味独特，深受欢迎。其中，传统腐乳酿制工艺于2011年被列入重庆市非物质文化遗产名录。[1]

---

[1] 胡光银，杨翼德，陈星宇.去东溪永乐村感受"从前慢"[N].綦江日报，2017-02-15（A4）.

第三章

中国传统村落文化抢救与研究
文化区系列

Chinese Traditional Villages

四川典型传统村落

第一节
古蜀国之源与四川聚落之始

"蜀"字最早见于商代的甲骨文中。关于古蜀国的历史,先秦文献中一直没有详细记载,其后对它有记载的历史文献同样很少,在东晋常璩的《华阳国志·蜀志》中才有古蜀国的资料,内容虽然比较神奇,但也有古史的影子,而且还有《世本》《竹书纪年》《山海经》《通典》《太平寰宇记》《史记》《大戴礼记·帝系》等史籍可作为旁证。

黄帝时期,蜀已是较兴盛的部族。《华阳国志·蜀志》载:"蜀之为国,肇于人皇,与巴同囿。至黄帝,为其子昌意娶蜀山氏之女,生子高阳,是为帝喾。封其支庶于蜀,世为侯伯。"

李白曾写道:"蚕丛及鱼凫,开国何茫然!尔来四万八千岁,不与秦塞通人烟。西当太白有鸟道,可以横绝峨眉巅。地崩山摧壮士死,然后天梯石栈相钩连。"蚕丛是蜀山氏女子嫁给黄帝为妃后生下的儿子,鱼凫是蚕丛的儿子。目前学术界已经基本认同传说中的古蜀国曾有蚕丛氏、柏灌氏、鱼凫氏、杜宇氏、开明氏几代蜀王。

据"夫蜀都者,盖兆基于上世,开国于中古"(《蜀都赋》),"从开明上至蚕丛,积三万四千岁"(《蜀王本纪》),"上古时蜀之君长治国久长,后皆仙去。自望帝以来,传授始密"(《古文苑·蜀都赋》),当时古蜀国还处于原始社会,蜀王可以长期保持其位号。蜀的始祖蚕丛氏"始居崛山石室中",历经几代几世的逐步南迁,都江堰灌口一带是柏灌氏所在的位置，鱼凫氏时代已进入成都平原，杜宇氏时期的古蜀国已步入文明古国阶段，取代杜宇氏的开明氏大约是处于荆楚范围的巴族部落，溯江北上到成都平原。①

开明王朝历经 12 代，最后于公元前 316 年为秦国所灭，"贬蜀王更号为侯，而使陈庄相蜀"（《史记·张仪列传》），蜀地开始被纳入全国发展的统一体系中。

开明氏时期的蜀国获得了很大的发展，北面曾到陕西关中，西南到今四川雅安，南面到达四川宜宾和贵州北部，东面已越过嘉陵江，甚至与强大的楚国接壤。到了战国时代，"开明王朝的国力比杜宇时期大大增强"，蜀国"成为中国西南首屈一指的泱泱大国"。②

而据考古发现，四川省阿坝藏族羌族自治州茂县凤仪镇南的营盘山遗址是长江上游地区已发现的面积最大、时代最早、文化内涵最丰富的新石器时代大型中心聚落。③

---

① 付顺.古蜀区域环境演变与古蜀文化关系研究[D].成都：成都理工大学，2006.
② 段渝.四川通史：卷一：先秦[M].成都：四川人民出版社，2010.
③ 肖文.《茂县营盘山新石器时代遗址》简介[J].考古，2019（1）：14.

第二节
物质文化景观

一、滚滚长江

（一）嘉陵江畔

　　川东北大致范围在嘉陵江中上游。嘉陵江发源于陕西凤县，干流自陕西凤县向南与西汉水汇合后流经略阳县、阳平关入川。过广元市，在昭化区接纳白龙江，南流至阆中市，东河自左岸来汇，在南部县和蓬安县接纳西河至合川区，渠江、涪江分别在左、右岸汇入，于重庆市朝天门注入长江。它是长江支流中流域面积最大，长度仅次于雅砻江，流量仅次于岷江的大河。

　　嘉陵江入川，流经广元市朝天区。朝天区踞川、陕、甘三省接合部，扼秦陇入蜀咽喉，北依秦岭，南俯巴蜀，东枕米仓，西接陇地，是秦岭南麓蜀道起点上的第一个政治、经济、文化中心，素有"秦蜀重地""川北门户"之称。传说唐玄宗为避安史之乱而奔蜀，蜀中百官于此见驾，隆重朝拜天子，遂易名朝天。

　　昭化，古称葭萌，北宋开宝五年（972）以宋太祖钦赐"昭示皇恩，以化万民"之意改为昭化。位于广元市中部，有"地控秦陇，势扼蜀巴"的战略地位。昭化古城始建于春秋战国时期，是蜀中建县治最早、连续设置县治最长的城池之一，被公认为剑门蜀道上的一颗灿烂明珠，古城门、古城墙、费祎墓、桔柏古渡、天雄关、牛

第三章 四川典型传统村落

图 3-1　嘉陵江边古码头

图 3-2　广元市朝天区

图3-3 昭化古城

头山、人头山、金牛古道等具有许多令人遐想的传说,还有太公红军山、柏林沟古镇、紫云湖、平乐寺、将军岭等众多景点。

阆中位于嘉陵江中游,嘉陵江在此拐出一道优美的"U"形大湾,阆中就在这个湾里,山作城墙,水作城壕,"三面江光抱城郭,四围山势锁烟霞",素有"阆苑仙境、风水宝地"之美誉。阆中古民居融北方四合院和江南园林建筑的特点,形成"串珠式"、"品"字形、"多"字形、"倒插门式"等风格迥异的建筑群体,古城为唐宋格局、明清风貌,有张飞庙、永安寺、五龙庙、滕王阁、观音寺、巴巴寺、大佛寺、川北道贡院等8处全国重点文物保护单位;有邵家湾墓群、文笔塔、石室观摩崖造像、雷神洞摩崖造像、牛王洞摩崖造像、红四方面军总政治部旧址、华光楼、阆中文庙等22处省级文物保护单位,被专家誉为"中国保存最完好的四大古城"之一。

南部县位于南充市西北方,《太平寰宇记》载:"以地居阆中之南,故曰南部。"东临仪陇县、蓬安县,西连盐亭县、梓潼县,南接顺庆区、西充县,北达剑阁县、阆中市,历来被视为四川的"北道孔衢、东西要害"。嘉陵江由北向南流经南部县,流程76千米,汇入大小支流38条。曾有张嶷、谯纵、陈尧佐、马涓、蒲宗孟、李先复等历史名人,现有禹迹

图3-4 阆中

图 3-5　南部县的八尔湖

山、升钟湖、八尔湖等景点。

　　蓬安县是汉代大辞赋家司马相如的故里，曾以相如为县名。嘉陵江从西北平头乡的古鸭滩进入蓬安，由西南猫儿溪流出县境。流程 89 千米，江水穿城而过，沿江有相如故城、周子镇、龙教寺、画江楼、太阳岛、月亮岛、集中坝村等景点。江水两岸，相如湖、凤凰湖、锦屏湖、山湾湖，湖光潋滟；白云山、龙角山、金鸡山、小乐山，群山环抱。蓬安旧城与县城隔嘉陵江相望，背枕锦屏山（五马山），依山傍水，主要有文庙、武庙、城隍庙、玉环书院、龙神祠、天主堂，由东向西顺江而排，依山而建。

图 3-6 蓬安县的嘉陵第一桑梓

从昭化到合川（重庆市辖区），是嘉陵江的中游。蜿蜒曲折、千回百转的嘉陵江，流到青居（属四川南充）时，受阻于烟山，只好折向西，再往北，又向南、向东、向北后，回到青居的南边，形成了"Ω"字形。由青居镇的北边到南边，仅仅400米，这一绕，绕出了359度的回旋，绕出了17.5千米的水路，绕出了20平方千米的"牛肚坝"。青居镇南北建有两个码头，北边的叫上码头，南边的叫下码头。旧时拉船纤夫早上从下码头出发，傍晚投宿上码头，依然住进头晚的客栈，"来也顺水，去也顺水""早发青居，夕宿青居"。

图 3-7　青居曲流

在四川省被列入前四批中国传统村落名录的 225 个村落中，川东北地区有 45 个，占比为 20%，大多在明清时期，人们"湖广填四川"时定居于此，后逐渐形成规模成为村落。村落依山傍水，顺应地势，集中于北部以及南部的山地地区，西部地势较平坦地区的村落数量较少，大多呈分散式布局。在建筑方面，就地取材，以木、土为主要材料，平面上以合院式布局为主，院落组合多为小规模的三合院或四合院，也有少量"一"字形独栋式和一横一竖式。①

---

① 陈秀.川东北传统村落空间格局研究[D].成都：四川农业大学，2019.

（二）沱江流域

川南包括甜城内江、盐都自贡、酒都宜宾、酒城泸州和山水佛地乐山等地。沱江流域地下的盐泉促成了盐都自贡，沱江之泉甘洌的水质催生了酒城泸州，沱江之水灌溉的蔗田造就了甜城内江，因此有人称"沱江是一条最有滋味的河流"①。

沱江是长江的一级支流，上源绵远河、石亭江、湔江均出于四川省德阳市内的九顶山，南流到金堂县纳岷江分支毗河后始称沱江。河流穿行于平原与丘陵之间，经简阳市、资阳市、内江市、自贡市等，至泸州市汇入长江。《禹贡》载："岷山导江，东别为沱。"

内江古称汉安，是孔子之师苌弘和国画大师张大千的故乡。东连重庆永川，西接资阳、成都，南邻自贡、宜宾、泸州，北通遂宁、南充，在成渝经济区"居中独厚、南北交会、东连西接"，素有"川中枢纽""川南咽喉"之称，还有"蔗糖之乡"的美名。据传，清代康熙十年（1671），福建汀州府商人曾达一来内江贩卖珠宝，后来在内江市龙门乡梁家坝定居下来，开始种植甘蔗。内江种植甘蔗，最初并未用于制糖，仅供生吃，曾达一又从福建输入制糖工具和技术工人，在其定居处开设糖房，此即内江制糖业的开始。清末民初，沱江两岸曾经"三里一糖房，五里一漏棚"。内江蔗糖业真正有比较详尽的文字记载，是在民国时期，1911年达到了顶峰。②

---

① 李小波. 沱江：中国最有滋味的河流[J]. 中国西部，2012（17）：14-21.
② 市档案局. 内江蔗糖发展简况[EB/OL].（2017-03-27）[2019-05-10].http://www.neijiang.gov.cn/news/2017/03/1439072.html.

图3-8 内江

"自贡"二字取自两口盐井——自流井、贡井的首字,自流井是指地下的卤水像喷泉一样自由地涌出,而贡井的得名是因此地的盐特别好,为皇室的贡品。早在东汉章帝年间,自贡便开始凿井、采卤、制盐,有近2000年的采盐史,是中国井盐的发祥地。1835年,自贡地区开凿出了一口深达千米的盐井"燊海井",成为世界上第一口超千米深井。1939年因盐设市,是四川省最早的省辖市之一。另外,自贡还被誉为"南国灯城""恐龙之乡""美食之府"等。自贡灯会历史悠久,唐宋时期就有了新年燃灯的习俗。清代中叶以来,自贡的"狮灯场市""灯竿节""提灯会""瞒天过海""牛儿灯会"等会节活动相沿不绝,显示出浓郁的地方风情。1964—2020

图 3-9　自贡灯会

年春节，自贡已举办了 33 届灯会，并将传统的制灯工艺与现代科学技术相结合，集声、光、色、形、动于一体，被誉为"天下第一灯"。自贡一带侏罗纪（2.051 亿—1.42 亿年前）的陆相地层相当发育，恐龙化石就埋藏在侏罗纪早、中期陆相地层中，此时期的恐龙化石正是世界恐龙研究中的薄弱环节，所以自贡的恐龙化石为世界研究恐龙的演化提供了丰富的关键性原始资料。自贡恐龙博物馆是我国唯一的恐龙化石埋藏遗址博物馆，是亚洲最大、世界第三大恐龙博物馆，与美国国立恐龙公园、加拿大恐龙公园齐名。自贡食盐为百味之祖，吃在四川，味在自贡。自贡盐帮菜萌芽于宋代中期，形成于清代，并随着盐业和自贡经济的发展而不断丰富，成为川菜菜系中的一个重要分支，独立于成都上河帮、重庆下河帮菜系之外，被称为"小河帮"，分为盐商菜、盐工菜、会馆菜三大支系，以麻辣味、辛辣味、甜酸味为三大类别，以味厚、味重、味丰为鲜明特色，具有味厚香浓、辣鲜刺激的特点，富顺豆花、冷吃兔、火边子牛肉等是其典型代表。[1]

"歌从雍门学，酒是蜀城烧"，中国的美酒地图在四川正好形成两个三角形，一个以绵竹、成都邛崃、射洪为中心，另一个以宜宾、泸州、古蔺为中心，沱江正好将两个白酒"金三角"从地面到地下串联起来，前者以天府平原的粮仓为基础，后者以甘泉酒酿为灵魂。[2]宜宾，因水而生，因酒而兴，有4000多年的酿酒史。明代《本草纲目》载："秦、蜀有咂嘛酒，用稻、麦、黍、秫、药曲，小罂封酿而成，以筒吸饮。"粮为酒之精，地为酒之灵，水为酒之神，宜宾独特的土壤、水质、气候和粮食等，为酒的酿造提供了优势条件，有"四川美酒甲天下，千钟佳酿总宜宾"之说。2008年，宜宾的五粮液酒传统酿造技艺入选第二批国家级非物质文化遗产代表性项目名录。泸州地区的白酒酿造技艺可以追溯至汉代，不仅有中国现存建造最早、持续使用时间最长、保存最完好的酒窖池，泸州老窖和郎酒两大名酒的传统酿酒技艺，"酒中兵马俑"——天然储酒库，还有"风过泸州带酒香"之说。2006年，泸州老窖酒酿制技艺入选首批国家级非物质文化遗产代表性项目名录。2008年，古蔺郎

---

[1] 自贡市人民政府.魅力自贡[EB/OL].[2019-05-10].http://www.zg.gov.cn/zggknew.
[2] 李小波.沱江：中国最有滋味的河流[J].中国西部，2012（17）：14-21.

图 3-10
宜宾五粮液标志

酒传统酿造技艺入选第二批国家级非物质文化遗产代表性项目名录。

乐山之名源自城西南的至乐山，清代雍正十二年（1734）嘉定府府治就在乐山。中心城区坐落在三江（岷江、大渡河、青衣江）交汇处，与乐山大佛隔江相望，融佛、山、水、城于一体。乐山自然景观与人文景观众多，有"天下山水之观在蜀，蜀之胜曰嘉州"的美誉，其中峨眉山和乐山大佛是世界自然与文化遗产，东风堰被列入首批世界灌溉工程遗产名录。

川南地区的村落大都靠山面水，后高前低，竹林密布中，绿树红花前，青瓦出檐长，穿斗白粉墙，让人有"狗吠深巷中，鸡鸣桑树颠"之感。良好宜居的自然环境让这里很早就成为人们理想的栖居之所，川南古村落种类多样，规模宏大、带有地方特色的四合院建筑日趋成熟，特别是多天井、大族群的四合院在乡间普遍流行。建筑呈多样、多元的风格，碉楼古堡、宫殿式大屋、乡间小舍、干栏式小楼同时存在，这得益于民族间和地域间建筑技术的广泛交流。

图 3-11 乐山大佛

其中在清代前夕，由于来自湖广、陕西等省的移民众多，带来了移民所在地的建筑格局和营造手段，与当地建筑相融合，形成了川南民居的多种类型。[①]

（三）大渡河岸

川西北主要是指阿坝藏族羌族自治州和甘孜藏族自治州，岷江干流及最大支流大渡河

---

① 陈吟.浅析川南晚清民居的建筑特色：以福源灏民居为例[J].四川建筑，2010（6）：60-62.

纵贯阿坝藏族羌族自治州全境，金沙江、雅砻江和大渡河由北向南纵贯甘孜藏族自治州西部、中部和东部。

大渡河，岷江最大支流。主流大金川西源麻尔柯河出青、川两省边境果洛山，东源梭磨河出红原县，两源汇合后称"大金川"，向南流经金川县、丹巴县，于丹巴县城东纳小金川后，始称大渡河。再经泸定县、石棉县转向东流，过汉源县、峨边彝族自治县，于乐山市城南注入岷江。

阿坝藏族羌族自治州东南部为高山峡谷

图 3-12　大渡河

区,中部为山原区,西北部为高原区,气温自东南向西北并随海拔由低到高而相应降低。东南部高山峡谷,层峦叠嶂,林泉相映,鹃啼猿鸣……西北部大草原,一马平川,蓝天白云,牛羊牧野。

2006年,阿坝卧龙·四姑娘山·夹金山脉作为四川大熊猫栖息地的重要组成部分,成功被列入世界自然遗产。还有九寨沟、卧龙、四姑娘山和若尔盖湿地等国家级自然保护区,黄龙、白羊、勿角、白河、铁布、宝顶沟、米亚罗、草坡、曼则塘、三打古、南莫且等省级自然保护区,九寨沟、黄龙、四姑娘山等国家级风景名胜区,卡龙沟、米亚罗、叠溪—松坪沟、三江、九顶山—文镇沟大峡谷等省级风景名胜区。

千百年来,我国古代氐羌诸部、鲜卑、吐蕃、汉、回等民族用辛勤的劳动和无穷的智慧共同开发了阿坝,他们在这里互相融合、共同进步,形成了古老的民风、独特的民情、丰富的民俗,创造了璀璨夺目的民族文化,有马尔康卓克基土司官寨、松岗直波碉楼(含羌寨碉群)、松潘古城墙、壤塘棒托寺、错尔机寺、营盘山和姜维城遗址、日斯满巴碉房、阿坝州红军长征遗迹等全国重点文物保护单位,黑水卡斯达温舞、九寨沟㑇舞、羌笛演奏及制作技艺、羌族瓦尔俄足节等民族文化遗产入选首批国家级非物质文化遗产代表性项目名录。

阿坝还是当年红军长征走过的"雪山草地",红军先后在这里召开了11次政治局会议,翻越了8座海拔在4000米以上的大雪山,3次穿越了人迹罕至的茫茫草地,经历了数十次大小战斗,转战停留16个月。[①]

[①] 阿坝藏族羌族自治州人民政府.阿坝概况[EB/OL].[2019-05-10].http://www.abazhou.gov.cn/abazhou/c102028/abgk.shtml.

图 3-13　阿坝藏族羌族自治州

　　阿坝的民居大体分为回汉式民居、藏式民居和羌式民居三类。回汉式民居一般是木结构二层楼青瓦或杉板房，中间为堂屋，两边为厢房，正面成凹形，称为"燕儿窝"。20 世纪 80 年代以后，普遍新建三层楼砖木结构房屋，小青瓦屋面，底楼一间作客厅，汉族供神位，回族作经堂，左右二间及三楼作卧室，三楼低矮，为阁楼，也可堆放杂物。正房一侧建砖木结构厨房。也有混合结构的民宅。藏式民居多为木屋架，用土围墙或石围墙，坐向不一，房体由主房、耳房、畜圈组成。20 世纪 80 年代以后，修建房屋使用石头、泥浆或砖块、水泥浆砌墙，窗户雕花木格，涂刷朱红油漆。羌式民居的传统住宅为石碉楼，多数建于清朝时期。石碉楼住宅外形可分为八角、六角、五角、四角，用不规则的石块、泥浆砌成。中华人民共和国成立后至今，多建石木结构2—3层楼房，用青瓦或杉板盖房，也有平顶房。①

甘孜藏族自治州东部连四川阿坝和雅安，南部与四川凉山、云南迪庆交界，西部隔金沙江与西藏昌都相望，北部与四川阿坝、青海玉树和果洛相邻，地貌依地势高程、河流切割深度和地表特征可分为丘状高原区、高山原区、高山峡（深）谷区3种类型。

州府驻康定市，是全州的政治、经济和文化中心，因一曲《康定情歌》而名扬海内外，被誉为情歌的故乡。甘孜藏族自治州俗称"康巴地区"或"康区"，是中国第二大藏族聚居区——康巴的主体和腹心地带。

千百年来，甘孜的先民们创造了灿烂多彩、底蕴深厚的康巴文化：情歌文化、格萨尔文化、香巴拉文化、红色文化、宗教文化和其他民俗文化。这里是康巴文化的发祥地、格萨尔王故里、香格里拉核心区、嘉绒文化的中心、茶马古道的主线和红军飞夺泸定桥之地，这里有三江纵流峡谷、蜀山之王贡嘎山等，这里的舞蹈巴塘弦子、甘孜踢踏、石渠真达锅庄享誉中外，还有国内仅存的白玉戈巴父系文化，道孚扎巴走婚习俗等独特的地域文化。红军长征途经甘孜州16个县，历时一年半之久，留下了大量的革命文物。

康巴民居建筑大致有石木、泥木、木、混合、纺织等5种类型，

---

① 周利庚.阿坝民居[EB/OL].（2008-06-03）[2019-05-10].http://guoqing.china.com.cn/zhuanti/2008-06/03/content_15614549.htm.

建筑结构多样化，建筑布局也呈多样性，平面及空间布局富有变化，层次感十分强烈。虽然也借鉴了一些汉式建筑风格和传统，但在建筑物的装饰和内部陈设中，充分保持了藏式建筑的传统风格，蕴藏着深厚的文化内涵，具有强烈的感染力。康巴民居建筑还具有地域性特点，其中丹巴民居、道孚民居、稻城民居、新龙民居，均具有独特的区域特色。丹巴的甲居村寨、得荣的茨巫村寨、道孚城郊的村寨、巴塘桃子园村寨是最具代表性的康巴民居村寨。①

图 3-14 甘孜丹巴的甲居藏寨远景

图 3-15 甘孜丹巴的甲居藏寨近景

---

① 甘孜藏族自治州人民政府. 走进甘孜 [EB/OL]. [2019-05-10]. http://www.gzz.gov.cn/gzzrmzf/c100002/zjgz.shtml.

二、剑门蜀道

狭义的蜀道指的是前文中提过的由关中通往汉中的子午道、傥骆道、褒斜道、陈仓道，以及由汉中通往四川的荔枝道、米仓道、金牛道等。路途崎岖，沿线地势险要、风光峻丽，分布着众多名胜古迹。

广义的蜀道指的是全国各地通往古蜀的道路以及蜀地范围内的道路，包括狭义的蜀道，以及由甘肃入蜀的阴平道，连接西藏通西域的茶马古道，由云南入蜀的五尺道和在此基础上拓展的可通向南亚的西南丝绸之路，自三峡溯长江而上的水道，等等。

蜀道充分体现了古人的智慧。以金牛道为例，从汉中通往蜀地，为龙门山、米仓山、大巴山所阻，且地质结构非常复杂。在反复对比后，古人选择沿嘉陵江南北方向修路，避免了龙门山地震断裂带的威胁，避开了陡峭的米仓山，利用嘉陵江两岸的地势地貌，越险山，跨江河，建成了金牛道。

蜀道遗产十分丰富，可以分为山川名胜、历史遗迹和文学艺术等类别，包括古道、古驿站、古码头、古城镇、传说、人物、战阵、诗词歌赋等。

剑门关是剑门蜀道风景区的核心，在四川省剑阁县城南约15千米处，古称"梁山""剑山"。山脉东西横亘100余千米，72峰绵延起伏，形若万仞倚天，延亘如城。峭壁中断处，两山相峙如门，故名剑门。西晋文学家张载在《剑阁铭》中赞道："岩岩梁山，积石峨峨。远属荆衡，近缀岷嶓。南通邛僰，北达褒斜。狭过彭碣，高逾嵩华。惟蜀之门，作固作镇。是曰剑阁，壁立千仞。穷地之险，极路之峻。"因其山势巍峨、道路险峻，素以"天下雄关"著称，是

图 3-16
剑门关蜀道遗址

蜀北屏障、两川咽喉,古为兵家争夺之地。主峰大剑山,海拔 1200 米,山顶有建于唐代的古庙——梁山寺,沿途可饱览石门关、石笋峰、穿洞梁、仙女桥、舍身崖等景观。

"剑门蜀道"正式出现于 1982 年,国务院将四川剑门蜀道风景名胜区列入第一批国家级风景名胜区。根据当时划定的范围,剑门蜀道从陕西汉中、宁强进入四川,经四川广元、剑阁、梓潼至绵阳,全长 600 余千米。

三、攀西风情

攀西是攀枝花与西昌的合称，位于四川省西南部。从行政区划上来看，攀西地区包括攀枝花市和凉山彝族自治州。攀枝花市北距成都614千米，南至昆明273千米，西连丽江、大理。凉山彝族自治州北起大渡河与雅安市、甘孜藏族自治州接壤，南至金沙江与云南省相望，东临云南省昭通市和四川省宜宾市、乐山市，西连甘孜藏族自治州。

攀西地区以自然山水景观为主，已建立了邛海—泸山风景区、螺髻山风景区、西昌仙人洞、泸沽湖风景区、普格温泉、大黑山风景区、龙洞石林、金沙江风景区等旅游区。

图 3-17 攀枝花

攀枝花市地处攀西裂谷中南段，属侵蚀、剥蚀中山丘陵、山原峡谷地貌，具有山高谷深、盆地交错分布的特点。地势由西北向东南倾斜，山脉走向近于南北，是大雪山的南延部分。海拔最高点（4195.5米）位于盐边县内的柏林山穿洞子，最低点（937米）位于仁和区平地镇师庄。

凉山彝族自治州地处川西南横断山系东北缘，介于四川盆地和云南省中部高原之间，地势西北高，东南低，北部高，南部低。地表起伏大，地形崎岖，峰峦重叠，气势雄伟，河谷幽深，壁立千仞，高低悬殊。山脉多呈南北走向，岭谷相间，从东至西主要有小凉山、大凉山、小相岭、螺髻山、牦牛山、锦屏山、柏林山、鲁南山等山脉。贡嘎山系的木里藏族自治县夏俄多季峰海拔5958米，是州内的最高山峰。凉山地貌复杂多样，地貌类型齐全，有平原、盆地、丘陵、山地、高原、水域等。

攀西地区河流众多，均属长江水系，干流成系的有雅砻江、金沙江、大渡河等。水文景观有金沙江河谷、雅砻江河谷、安宁河河谷、泸沽湖、邛海、马湖、彝海、螺髻山海子群、螺髻山温泉瀑布、普格温泉、昭觉竹核温泉、西昌川兴温泉、喜德温泉、红格温泉旅游度假区、万里长江第一漂等。

自古以来，攀西地区就是多个民族、多种文明相互交流、碰撞、摩擦、融合等的重点区域。攀枝花以汉族为主，少数民族中人口较多的是彝族。凉山彝族自治州是中国最大的彝族聚居区。

关于彝族的族源，学术界有氐羌说、云南土著说、西来说、南来说、东来说等。据方国瑜研究，彝族祖先是从祖国西北迁到西南的，结合古代记录，当与羌人有关。早期居住在西北河湟一带的，就是羌人，后来向几个方向迁移，有一部分向南活动的羌人，是彝

图 3-18
泸沽湖

族的祖先。①

  不论何种来源,彝族早在 2000 多年以前就已经在此繁衍生息。在漫长的历史中,受自然条件、民族信仰、生活习性、社会形态等的影响,彝族村寨多建于高山山坡、河谷平地之上。在高山地带,彝族人大多在半山向阳山坳或平坝处,依山傍水、向阳避风、树木茂盛、土地肥沃、地形开阔、有利于牧耕和军事防御,分散聚居。山坡上的平地用于居住,坡地用于放牧和耕种。也有的村寨位于山顶较大的缓坡地带,村民在缓坡耕地植林,建造房屋居住生活,缓坡边的山谷或山崖成为村寨的天然屏障。在河谷和靠近河坝区的缓坡山脚等地带,地势平坦,土地肥沃,农业在生产中占主要地位,这种地带一般有集中式的村寨。这些集中式的村寨有的具有向心性,以水源、活动场地等为中心;有些村寨的整体布局是沿着等高线,较灵活自由。②

---

① 方国瑜.彝族史稿[M].成都:四川民族出版社,1984.
② 中华人民共和国住房和城乡建设部.中国传统建筑解析与传承:四川卷[M].北京:中国建筑工业出版社,2016.

外部山水影响着村寨选址，内部则在家支的支配下呈家支林立状，家支的大小、互相之间的斗争和帮助影响了村寨规模的大小，以及相邻村寨距离的远近，总体呈大分散、小聚居形式。[①]

矩形是彝族民居常见的平面形态，另有"L"字形、"凹"字形。瓦板房是彝族村寨最常见的建筑形式，因其双面倾斜的"人"字形屋顶盖以杉木板，起到"瓦"的作用而得名。瓦板房一般不太高大，房屋通体以木结构为特色，采用原木为柱、为梁、为椽，通过精巧的穿榫及斗拱技术，形成复杂多变的屋架。房屋墙壁用土夯或竖以木板，攀西地区林木资源丰富，结实耐用的杉木成为建筑的主要材料。穿行在用新木搭建的房屋中，杉木的清香缭绕不绝，宛如走进了大凉山密林的深处。瓦板房与汉族地区传统木建筑技艺一脉相承，通体不用一根铁钉，通过榫卯相连。

四、天府之域

"天府"最早见于《周礼》，指的是掌管宗庙的一种职官。专指某个地区的"天府"最早见于《战国策·秦策一》："田肥美，民殷富，战车万乘，奋击百万，沃野千里，蓄积饶多，地势形便，此所谓天府，天下之雄国也。"当时的"天府之国"指的是以陕西关中平原为核心，包含汉中、巴蜀的广阔区域。这里风调雨顺、土地肥沃，为秦国的兴起奠定了基础，号称"八百里秦川"。西汉开国功

[①] 宋医琳，李俊辉. 乡村振兴战略下四川省传统村落要素肌理分析及建设路径：以四川凉山彝族村落为例[J]. 农村经济与科技，2020，31（11）：298-301.

臣张良明确提出"天府之国":"关中左殽函,右陇蜀,沃野千里,南有巴蜀之饶,北有胡苑之利,阻三面而守,独以一面东制诸侯。诸侯安定,河渭漕挽天下,西给京师;诸侯有变,顺流而下,足以委输。此所谓金城千里,天府之国也。"此"天府之国"指的也是关中平原。最早把"天府"与蜀地联系起来的是诸葛亮:"益州险塞,沃野千里,天府之土,高祖因之以成帝业。"汉代的益州包括今四川盆地和汉中盆地。到了唐代,李白的"九天开出一成都,万户千门入画图。草树云山如锦绣,秦川得及此间无",将"秦"与"蜀"相比较,使蜀地"天府之国"的地位广为人知。

2008年,中国国家地理杂志社组织地理学家推出了31处中国最适宜居住的"新天府"候选地,最终投票结果显示,成都平原居于榜首,守住了"天府"的桂冠。

成都平原亦称"川西坝子""川西平原",西起都江堰市以西的邛崃山,东到金堂附近的龙泉山,北抵茂县的九顶山,南至新津县附近的熊坡山。从行政区划来看,成都平原包括四川省成都市各区县及德阳、绵阳、雅安、乐山、眉山等地的部分区域,面积约9100平方千米,是中国西南三省最大的平原。成都平原四周群山环抱,内部地形平坦,河流众多,四季分明,日照少,气候温和,降雨充沛,美景如画,文化繁荣,生活闲适,被约瑟夫·比奇称为"东方伊甸园"。

据研究,成都市新津县城西北的龙马乡宝墩村的宝墩古城应该是古蜀国开国之都。古蜀文明发展的脉络是:前2700—前1800年,以成都平原史前城址群为代表的宝墩文化;前1800—前1200年,以三星堆遗址为代表的三星堆文化;前1200—前500年,以成都金沙遗址为代表的十二桥文化;前500—前316年,以成都商业街船

图 3-19 成都平原

棺、独木棺墓葬为代表的战国青铜文化。

从古蜀国过渡到天府之国,得益于战国末年秦国发展中一次重要的战略调整。当时,巴、蜀不和,蜀王出兵攻苴,苴侯出奔到巴,向秦求救。秦惠文王(前337—前311年在位)欲攻蜀,但道险难至,韩又来攻,犹豫不决,遂问计于臣下。名臣司马错与纵横家张仪意见相左,各执一词,后来司马错灭蜀的策略得到秦惠文王的采纳,史载秦惠文王"卒起兵伐蜀,十月取之,遂定蜀。蜀主更号为侯,而使陈庄相蜀。蜀既属,秦益强富厚,轻诸侯"。同年,秦军又灭巴国,虏巴王,置巴郡。秦并巴、蜀是出于自身发展的需要，也是完成早期国家王土扩展的关键步骤。巴蜀自此与关中捆绑在一起，成为王天下政治版图中的一部分。自此，巴蜀人习染中原之风，文化、制度、城市格局也与咸阳、长安相同，扬雄在《蜀王本纪》中说："秦惠王遣张仪、司马错定蜀，因筑成都而县之。都在赤里街，张若徙少城内，始造府县寺舍，今与长安同制。"[①] 对此，《华阳国志·蜀志》描绘得更具体："成都县本治赤里街，若徙置少城内城。营广府舍，置盐、铁、市官并长丞；修整里阓，市张列肆，与咸阳同制。"[②]

蜀地荣膺"天府之国"的美誉，很大程度上得益于秦昭王（前306—前251年在位）时期蜀郡太守李冰父子组织修建的大型水利工程——都江堰。宋代《堤堰志》载："李冰凿离堆虎头，于江中设象鼻七十余丈，首阔一丈，中阔一十五丈，后阔一十三丈，捐（指）水一十二座，大小钓鱼护岸一百八十余丈，横潴洪流，故曰'都江'。以分岷江之水北折而东，灌溉蜀郡田畴以亿万计。"都江堰水利工程完工后，蜀地结束了"冲薄荡啮，又大为民患"的历史，逐渐发展成为"水旱从人，不知饥馑，沃野千里，世号陆海"的天府之国。

如今，天府之域经济发达，是中国西南部经济社会最为发达的地区之一，是四川盆地主要的粮食、蔬菜等农产品生产基地，也是中国人口分布高度密集的区域之一。相较于其他平原，川西平原的聚落具有鲜明的地域特色，规模小且分散，被称为"林盘"。清代人王培荀在《听雨楼随笔》中说："川地多楚民，绵邑为最。地少村市，每一家即傍林盘一座，相隔或半里，或里许，谓之一坝。"[③]

---

① 乐史.太平寰宇记[M].北京：中华书局，2007.
② 常璩.华阳国志[M].北京：中华书局，1985.
③ 王培荀，魏尧西.听雨楼随笔[M].成都：巴蜀书社，1987.

图 3-20 都江堰

图 3-21 林盘

川西林盘主要位于平原地区和丘陵地区，区域内水系丰富。平坝区域的林盘平面形态以团形为主，分布均匀，且由中心向四周发散。少部分林盘由于受到道路及水系的影响，平面形态呈带状，这种一般会发展为大中型林盘。背山面水型林盘的大小和密度受限，依山傍水型林盘比远水型林盘更密。山丘林盘占川西平原林盘总数的较少部分，常呈带状，受地形影响而沿地形发展。①

　　林盘集生产、生活和景观于一体，由处于核心位置的宅院，中层的林地、水系，外围的田地四大要素组成，形成了复合型居住模式。宅院多为相邻的单独院落，院落由建筑、围墙、大门、院落内外的空地组成，建筑形式根据居民需要和财力，主要分为"一"字形、"L"形、"凹"字形和四合院四种基本形式。在建筑风格方面，传统的川西林盘建筑多为小青瓦房，后来出现了一些平顶房的现代建筑，建筑层数一般在三层以下；根据居民的需求，一般有住房、家畜房、厨房和厕所等不同功能的房屋；围墙多为砖砌墙或水泥墙，或者使用以竹篱为主的植物充当围墙；院落前空地常种植农作物或果树等，院内空地则用于晾晒衣服等。②

---

① 王寒冰.川西平原林盘聚落空间形态研究[D].成都：西南交通大学，2019.
② 王雪杉.川西林盘典型村落美景度评价研究[D].成都：四川农业大学，2018.

第三节
非物质文化景观

一、汉彝交融

（一）背山面水的选址方式

背山面水是四川常见的传统村落地理位置形态，攀西地区也是如此。"村落或住宅选址注重'靠山'，因为好的'靠山'供神灵上下，而赋神灵作用，家宅则可受到神灵庇护。"[①]从文化渊源来看，这种聚落选址与彝族早期的洞穴崇拜关系密切，彝族人认为"愈陡峭而有天险之崖洞，愈可护祖"[②]。崖洞多在江河边，既能满足远古先民保护自己的需要，也能方便日常生活用水。山上一般有茂密的树林，"村寨四周要丛林茂盛，并有巨大的树神，这样村寨就有通天的通道，以满足沟通天地的心理要求，同时这些大树成为村寨的一个标志物，在这种心态影响下，村民在宅前屋后广植树木，形成了哪里有树木，哪里就有村寨人家的良好景观"[③]。

这种原生的聚落选择方式与汉族人的村落选址有异曲同工之妙，汉族人称为风水。理想之地一般符合以下条件：

---

①③ 梁茵.西南少数民族建筑景观研究[M].北京：中国原子能出版社，2018.
② 马学良.云南彝族礼俗研究文集[M].成都：四川民族出版社，1983.

山清水秀、土地肥沃、阳光充足、植被茂密，具备良好农耕生态因子。

可以满足居住者获得安全和护卫的心理需要，即所谓"罗城周密"。罗城之内又有水城，"明堂上溪涧沟渎，关阑龙气，有如城之为保障……水城贵环抱征聚"。在此罗城、水城之中，穴之两侧有护沙环抱，前有朝山、案山为屏，构成一个多重围护与屏蔽空间。

取依山傍水之势，最好在山脉止落之处。也就是说所选择的地区应当具有明显的边缘效应，如山地、平原、盆地、河谷的交错地带。这种边缘、边界在自然生态方面会导致关系复杂、类型丰富的过渡性植被出现。过渡性植被能吸引食草性动物，有利于解决居住者粮食的供给问题。此外，从使用者的心理方面来看，边缘、边界地带还能满足人们获得"看到别人而不被别人看到"的安全心理。

既要与周围的自然相对隔开，又要与周遭自然环境有千丝万缕的联系。

虽然从整体上看是一个相对封闭的空间结构，但绝非"死水一潭"密不透风，有水口、气口与外界相联系。[1]

尽管凉山彝族自治州地处横断山系，交通不便，但自古以来生活在这里的彝族等少数民族与汉族的交流就从未断绝，如彝文古籍《洪水泛滥史》记述的洪水，其时间、地点、人物、事件都与《华阳国志·蜀志》记载的蜀地洪水相似。[2]西汉武帝元鼎六年（前111），正式设立越嶲郡，郡治邛都县（今四川西昌东南）。自此以后，中原文化对凉山社会发展的影响不断增强。清代中叶，四川商

---

[1] 俞孔坚.理想景观探源：风水的文化意义[M].北京：商务印书馆，1998.
[2] 易谋远.彝族史要[M].北京：社会科学文献出版社，2007.

帮、陕西商帮等大量进入西昌、会理、德昌等地，进行盐巴、土特产、药材、黄丝、布匹、毛笔等贸易。这些外地商帮待生意稳定兴隆后，还在西昌等地修建了规模不等的会馆、祠庙等，将汉族建筑风格和建筑技术带到了西昌。

（二）内聚向心的建筑理念

关于内聚向心的建筑理念，突出的体现是彝族民居以火塘为中心。

火塘一般位于建筑的当心间，但并不在屋面梁的正下方，稍有偏移。"火塘是彝族家庭的中心，也是彝族家庭中心与显示生活空间秩序的组织者。"[1] 火塘深 20 厘米左右，内径 40—60 厘米。坑外有三块条石，称为"锅庄石"，用来支撑铁锅。火塘是彝族人吃饭、取暖、照明、会客的重要场所，也是"祖先和神灵聚集的地方"，住宅的其他房间以火塘为中心呈发散状，火塘周围为生活居室，向外是生产、储蓄和居住空间，再向外是墙体、院落。

如果说火塘是一家人"同"的象征，火把节上来自不同家庭、不同地区、不同性别、不同年龄的人，围着火堆起舞歌唱，欢庆美好生活，则无疑象征着这个地区民族间的大"同"。

内聚向心的建筑理念在中原亦很早就有体现，如在陕西临潼城北的姜寨遗址中，中心有大广场，广场周围分布着 100 余座房子，分为 5 个建筑群，每个群包括一座大房子与若干中小型房子，均朝向中心广场。居住区周围有天然河道和人工壕沟环绕。

---

[1] 郭东风. 彝族建筑文化探源：兼论建筑原型及营构深层观念 [M]. 昆明：云南人民出版社，1996.

（三）谈经古乐

谈经古乐又称"洞经音乐"，或"洞音""儒门洞音""赕经调子"，因唱诵《太上无极文昌总真大洞仙经》经文而得名[①]，是集洞经音乐、宫廷音乐、江南小调为一体的融合文化艺术，主要流传于攀枝花金沙江以南和周边地区。它起源于南北朝的宫廷音乐，唐代传入南诏，明初传入永仁，最迟在清代中晚期便已在攀枝花流传。[②]清代道光二十年（1840）编纂的《大姚·永仁县志·艺文志》载："文昌洞仙社各处具有，而大姚犹盛。数十里动辄一、二社，每赕演一次须三日使竣，许愿人家仅供斋蔌，所费亦复多金。"

谈经古乐与传统彝族音乐不同，具有江南丝竹温婉之韵味，曲调简洁、清越。曲牌分为"奏乐牌子"（器乐曲）和"经腔"（经文中不用韵文的唱词）两类，演奏乐器主要有吹奏、打击、拉弦、弹拨4类，其中打击乐以小打为主，如碰铃、木鱼、堂鼓等色彩性打击乐。

演奏形式以齐奏为主，曲名有《蝶落泉》《桂香颂》《南清宫》《满庭芳》《梅花三弄》等[③]，内容分为表现生产、生活、战争、风俗的民间欢乐古乐曲，表现民间信仰的谈经古乐曲，为达官贵人和彝族头人享用的武姿莫古乐曲以及有明显宫廷音乐韵味的乐曲。

[①] 四川省非物质文化遗产保护中心.四川非物质文化遗产民间文学艺术集录[M].成都：巴蜀书社，2011.
[②]《四川省非物质文化遗产名录图典》编辑委员会.四川省非物质文化遗产名录图典：1—2卷[M].成都：四川民族出版社，2010.
[③] 朱嘉琪.四川省民族民间音乐研究文集[M].北京：大众文艺出版社，2008.

（四）火把节

火把节是彝族众多传统节日中规模最大、内容最丰富、场面最壮观、参与人数最多、民族特色最为浓郁的盛大节日。明代文学家杨慎曾路宿凉山西昌的泸山，恰逢火把节之夜，因此赋诗："老夫今夜宿泸山，惊破天门夜未关。谁把太空敲粉碎，满天星斗落人间。"盛赞了凉山彝族火把红红火火、村村寨寨欢歌笑语的民俗节日景象。

火把节的产生与火崇拜、农耕祈年关系密切。彝族人崇拜火，凉山彝文经典《勒俄特依·开天辟地》中记载："阿尔师傅啊，膝盖当砧磴，口腔当风箱，拳头当铁锤，手指当火钳，制成四把铜铁叉，交给四仙子……东方去把天地开……西方去把天地开……北方去把天地开……南方去把天地开……请来阿尔老师傅，将那四个铜铁球，制成九把铜铁帚，交给九个仙姑娘，拿去扫天地。把天扫上去，天成蓝莹莹；把地扫下来，地成红艳艳。四根撑天柱，撑在地四方……"[1]以火色占农，祈求丰收是火把节的主要内容之一。明代李中溪在《云南通志》中说："六月二十五日，采松明为火炬，照田亩，以火色占农。"清代吴大勋在《滇南闻见录》中说："六月二十五日，乡民聚火把于田间，和以草秆焚之，以祈丰年。"

千百年来，凉山彝族聚居地区都有火把节，主要分布在"所地""阿都"地区的布拖、普格、金阳、昭觉、宁南、会理、会东、德昌、西昌等县市的彝族村寨。其中，布拖县的拖觉区、衣某区、

---

[1] 中国民间文学集成全国编辑委员会，《中国歌谣集成：四川卷》编辑委员会.中国歌谣集成：四川卷[M].北京：中国 ISBN 中心，2004.

西溪河区和普格县的小兴场区、西洛区、洛乌沟区、螺髻山镇等彝族村寨的火把节传承最为完整。

凉山彝族火把节可分节前准备和过节两个过程。

节前准备是为迎接火把节到来所进行的各种民间筹备活动，而过节又包括连续的3天。节前准备主要有：一是准备火把，火把彝语叫"都则"，多用干蒿枝捆扎而成；二是准备祭祀品，视其家境可宰杀牛、羊、猪、鸡；三是准备节日的盛装。

火把节第一天主要是杀牲祭祖，各家团聚进餐，傍晚后打火把游照田间。

火把节第二天是节日的高潮，热闹而隆重。一大早，村村寨寨男女老幼穿上节日盛装，成群结队，从四面八方会聚到火把节集会地，参与或观看摔跤、赛马、斗牛、斗羊、斗鸡等民间体育竞技活动，同时弹口弦、弹月琴、吹马布、吹葫芦笙、吹竖笛、唱山歌情歌。浩大的"朵乐荷"歌舞场面吸引着千万人的目光，姑娘们一手撑黄伞，一手与情人相牵围场走圈。这一天，也是彝家男女青年谈情说爱的好时光，情侣们交换信物，女子打上黄伞与情人约会。晚上，众人高举火把，围绕篝火彻夜狂欢。

第三天彝语称"都沙"，意为"送火种"或"送节"，主要活动是各家要到一处焚烧邪恶的地方，把火把拆开，将鸡翅毛、股骨一起焚烧，象征着烧灭邪恶妖魔，祝家人平安吉祥。①

---

① 凉山非遗网.彝族火把节[EB/OL].（2017-08-29）[2019-05-10].http://www.lsz.gov.cn/wcls/cxzn/ms/201708/t20170829_603932.html.

图 3-22　彝族火把节

生活在凉山的汉族人也庆祝火把节，光绪《盐源县志》中记载，六月二十四日"为'观莲节'，以莲子馈赠，此古俗也。今夷俗，以此日祭其祖先，而汉民亦燃火树，曰'火把会'"。

二、客家民俗

客家先民原居于我国中原一带，因战争等因素，曾有几次大规模的南迁。

在四川移民史上，客家人是比较特殊的一个群体：他们是紧跟着湖广人移民到四川的，这次迁徙是客家大迁徙历史中的第四次；

大多数客家人是在四川经济已经恢复，四川人口已渐充裕，清政府开始限制入川的情况下，冲破重重阻挠来到四川的，带有更加强烈的趋利性质。客家人入川求富的心态，可以从雍正十一年（1733）广东龙川县往川的客家人告帖窥见："我等前去四川耕种纳粮，都想成家立业，发迹兴旺……"①

当时的客家移民中，以广东梅州、韶关、河源、惠州等地客家人为多。② 入川以后，整体呈大分散、小集中的分布特点，大多居住在丘陵地区，平原坝区较少，以至于有客家人住山不住坝的传说。入川的客家人注重语言、文化、习俗的传承，在建筑方面也保存了不少客家文化特色，比较典型的有二堂屋、围屋、碉楼民居等。

如今客家水龙节已被列入四川省第五批非物质文化遗产代表性项目名录，项目保护单位是成都市龙泉驿区文化馆。洛带素有舞水龙祈雨的传统，古时众人用八角井之水泼洒水龙求雨，以求渡过当年的干旱。后来渠水的引入解决了水荒，但舞水龙保留了下来，并演化成水龙节。

洛带的客家龙舞以"刘家龙"最负盛名，每逢水龙节，龙头们齐聚祖堂祭祖，全体舞龙队员先是持龙祭祀"社公"，到祖屋旁的一个塘堰边"祭拜水"后，再到江西会馆的大殿杀雄鸡滴血，将龙头、龙角、龙珠一一点染，以通神祭灵，神附龙体。之后，条条蛟龙逐日出水，按照"金龙盘玉殿""龙抱柱""波浪浮""龙打滚""龙摆尾""快舞龙"等沿自先祖的各种龙舞套路尽情演绎。

舞龙，民间又叫"耍龙""耍龙灯""舞龙灯"，全国各地都有

---

① 四川客家研究中心.四川移民与客家文化学术研讨会论文集[M].成都：天地出版社，2005.
② 蒋英.川西饮食文化研究[M].成都：四川大学出版社，2017.

这种民俗。根据洛带《刘氏家谱》和《示谕碑》记述，刘家从夏商之时就开始舞龙，清代康熙年间，刘氏先祖刘立章率家人随"湖广填四川"的滚滚移民浪潮来到洛带，如今刘家龙依然严谨遵循着以前的龙舞传统。舞龙者皆赤裸上身，只穿一条短裤，上下腾挪；观赏者用烟花喷龙，前后追堵。烟花是财运的象征，烧得越红，则吉财越旺。因此，舞龙者和观赏者攻防进退，煞是刺激。

客家水龙节保存了较多中国古代舞龙的原始程序和古朴仪式，像祖先祭祀、土地祭拜、水敬拜、会馆祭献等，依稀可见中国古代自然崇拜、图腾崇拜的遗风，蕴含了客家人对祖先的崇敬与缅怀之情。

客家婚俗则被列入四川省第二批非物质文化遗产代表性项目名录，项目保护单位也是龙泉驿区文化馆。成都市的客家婚俗是指龙泉驿区洛带镇客家人的独特结婚礼仪。在传承中原六礼婚俗的基础上，融入了一系列地方礼仪和大量民间歌谣，彰显出古朴、热闹、礼数周全的独特魅力。婚俗环节较多，过程较长，包含说媒、看妹子、写庚帖、编红单、定亲、看家方、送日子、送菜，以及抬嫁妆、哭嫁、迎亲、宴客、过门、进门、拜堂、闹房、回门、送满月等步骤，每个步骤都有若干特定仪式。隆重而有序的婚嫁过程，反映了客家人严谨的婚姻观和对美好生活的追求。[①]

[①] 成都市非物质文化遗产保护中心. 名录项目：民俗[EB/OL].（2020-04-23）[2020-05-01].http://www.cdich.cn/Category/48/Index.aspx.

三、民间传说

时至今日,古蜀国的众多谜团仍未完全解开。这个开始于原始氏族部落时期的文明,一开始就与黄河流域的中原文明迥异。三星堆遗址、金沙遗址等的发现,从考古学角度证明了它的存在。但古蜀的开端,人们莫衷一是,李白曾说"蚕丛及鱼凫,开国何茫然";古蜀的发展过程,仍有许多细节需要继续考证;古蜀的结束,秦蜀之战迅速得令人咋舌。几千年的时光模糊了太多前尘往事,但古蜀的历史却以另一种方式留存下来,这就是古蜀国的传说。这些传说长期以来在民间以讲故事、摆龙门阵、戏曲表演等方式保存,也许曾经有过加工整理,但仍然保留着人们对古蜀国的记忆,暗藏着古蜀国历史的草蛇灰线。

(一)鱼凫传说

鱼凫是四川民间崇奉的古蜀国的祖先神。相传很早以前,从山上下来许多人,在湔江河边打猎过日子。后来野物少了,有一个人带领大家下河捕鱼,这个人水性好,像水鸭子一样,每天都能捕到很多鱼,大家就叫他鱼凫,推选他为首领,建了鱼凫国。鱼凫王带领部众打败了附近的小国,不断扩展领地。鱼凫王还教人们识别野生粮食,学习挖地、播种、上肥、除草,搞好农作物的春种秋收。人们渐渐形成了安居乐业的农耕生产习俗,过上了比以前更好的日子。鱼凫死后,人们奉之为神,修祠祭祀。

另外一种说法是,鱼凫即鱼老鸹,是一种捕鱼的水鸟,它是神话中蜀人祖先部落的图腾。4000多年前,一个崇拜鱼的部落和一个崇拜凫的部落结为联盟，迁徙到成都平原，经过征战，建立了辉煌的古蜀鱼凫王国。这是个以农耕为主、狩猎渔业为辅的奴隶制国家。它拥有与中原地区相媲美的青铜工艺和堆积如山的财富。

鱼凫的故事有很多，现在主要流传于成都温江一带。根据史料记载和考古发掘，温江是鱼凫王国的发祥地，鱼凫村遗址和鱼凫王墓、鱼凫王妃墓都在此地，鱼凫架桥、鱼凫王大战饮马河等故事，以及饮马河、鱼凫桥等河流、地名至今尚存。每年三月十六日为鱼神节，人们都有到河边放河灯的习俗，就是为了纪念鱼凫王保护鱼凫城。鱼凫村遗址被列为1996年全国十大考古发现之一，2001年该遗址被列为国家级重点文物保护单位。

鱼凫架桥的故事梗概：万春乡有条马坝江，在古时候非常大，江宽360丈（1丈≈3.33米），深到看不见底。江的两边有两个王国，一个在南边，一个在北边。两边的人都靠打鱼为生。在南边的王国里有一个中年人，十分聪明，又有威信，打鱼的人都很佩服他，就让他当了打鱼的头儿。这个王国里还有个大王，十分凶恶，强迫

图 3-23
鱼凫村遗址

打鱼的人交租上贡，一次比一次凶。打鱼人的日子过得非常心酸，后来打鱼的头儿也忍不住了，就带领打鱼的人把那个大王整垮了，重新建立了个王国，因为大家都是打鱼的，打鱼要靠鱼老鸹，就取名为鱼凫国，打鱼的头儿成了鱼凫王。

从那以后，打鱼人的生活越过越好了，鱼凫王则想扩大地盘了。手下的人对他说："不如把对面王国打败抢过来。"鱼凫王听了，就召集人马，悄悄地开始练兵。一天晚上，突然就打过去了。对面王国的人还没弄清楚是怎么回事，就输了。

此后，鱼凫王带领人们不断扩展领地，每次打胜仗回来，路过马坝江，都要在江边休息，他部下的马就到江边去喝水。

后来，鱼凫王打下了彭州，又带人马去攻打绵阳。绵阳那边十几个国家联合起来对付他们，把他们打败了。鱼凫王带领剩下的人逃跑，后面追兵一直追着，直到马坝江边。当时江边没有渡船，眼看追兵就要到了，鱼凫王急得没办法。突然，江面上闪现一道金光，一下子飞来了许多鱼老鸹，浮在江面上，搭成一座桥，他们赶紧从鱼老鸹搭的桥上跑回去了。等追兵到的时候，鱼老鸹就飞走了，追兵没法过江，只好退兵。之后，鱼凫王一来为了感谢鱼老鸹的搭救之恩，二来为了方便往来，就在马坝江上修了一座桥，取名为鱼凫桥。

鱼凫王大战饮马河的故事梗概：鱼凫王在温江建都以后，为了扩大领地，又带领一些人到湔山去种他未下山前开垦过的土地。这时，川西坝上出现了另外一队人马，为首的叫獠伢子，勇猛剽悍，不知是从哪里过来的，他趁鱼凫王不在国中，攻占了鱼凫城。

鱼凫城北面有一条河，鱼凫王时常到河边放马饮水，大家都叫它饮马河。鱼凫王得到獠伢子攻占鱼凫城的消息后，立即率领人马赶回国来。刚到饮马河边，鱼凫王想到了兵不厌诈，就命令手下兵卒化装成老百姓，晚上在河边烧香点蜡，大声呼喊："鱼凫王呀鱼凫王，你快点回来吧！獠伐子的人马都打过来了！"

獠伐子听到呼声，以为鱼凫王真的没有回来，就叫手下的人连夜凫水渡河，想再占领饮马河北岸的土地。哪知道刚渡了一半人马，鱼凫王的队伍突然从河边冒了出来。鱼凫王一声令下，杀得獠伐子人仰马翻。獠伐子只得收拾残兵败将，朝南边逃跑了。

（二）望帝化鹃

说到望帝，人们常常想到李商隐的诗句"庄生晓梦迷蝴蝶，望帝春心托杜鹃"。望帝就是杜宇，神话传说人物，为古蜀国王。

中国古籍中有许多关于杜宇的记载，如《华阳国志·蜀志》载："七国称王，杜宇称帝，号曰望帝。"说的是杜宇成为蜀国的国王。

《蜀王本纪》载："后有一男子，名曰杜宇，从天堕，止朱提。有一女子，名利，从江源井中出，为杜宇妻。乃自立为蜀王，号曰望帝。"又记曰："望帝积百余岁，荆有一人，名鳖灵，其尸亡去，荆人求之不得。鳖灵尸随江水上至郫，遂活，与望帝相见。望帝以鳖灵为相。时玉山出水，若尧之洪水。望帝不能治，使鳖灵决玉山，民得安处。鳖灵治水去后，望帝与其妻通。惭愧，自以德薄不如鳖灵，乃委国授之而去，如尧之禅舜。鳖灵即位，号曰开明帝。帝生卢保，亦号开明。望帝去时子规鸣，故蜀人悲子规鸣而思望帝。"说的是杜宇为蜀王、杜宇之妻、以鳖灵为相、鳖灵治水、望帝禅位和化鹃的故事。

《水经注·江水》载："时巫山峡（狭）而蜀水不流，（望）帝使鳖令凿巫峡通水，蜀得陆处。"说的是望帝命鳖灵治水。

《禽经》载:"其后巫山龙斗,雍江不流,鳖灵乃凿巫山,开三峡,降丘宅,土人得陆居。望帝以其功高,禅位于鳖灵,号曰开明氏。望帝修道,化为杜鹃鸟,至春则啼,闻者凄恻。"说的是望帝禅位于鳖灵,是因鳖灵治水功高。

《说文》则载:"蜀王望帝淫其相妻,惭亡去,为子巂鸟,故蜀人闻子巂鸣,皆起曰是望帝也。"说的是望帝愧对鳖灵,因此禅位给鳖灵。

(三)望娘滩传说

望娘滩故事的雏形,是《山海经》中记载的奇相窃珠坠岷江而死,化身为龙帮助大禹治水的神话传说。经 2000 多年的嬗变与演绎,望娘滩的故事成为流传于都江堰市及岷江流域部分地区的民间神话故事,还被收入《中国神话传说词典》《中国民间故事集成·四川卷》等。20 世纪 50 年代,望娘滩传说被改编成川剧,成了优秀传统剧目。2009 年,望娘滩传说被列入四川省第二批非物质文化遗产代表性项目名录。

望娘滩传说主要流传于都江堰市全境及岷江流域部分地区。故事梗概:传说灌县都江河边生活着一对穷苦的母子,以母亲纺线、儿子割草为生。一日,儿子在一片割之不尽的草地里捡到了一颗神奇的珠子。此事被当地一个员外得知,员外带人前来寻珠,欲占为己有,儿子情急之下误将宝珠吞入肚中,员外寻珠不得愤恨而去。儿子因误食宝珠,竟化身为龙,顺江河而去。母亲在岸边痛哭唤儿,每唤一声,儿子便回头望母,掉头的地方,就会形成一个石滩,反复二十四次,便形成了有名的二十四滩。

图 3-24
二十四滩之白银滩

四、盐神崇拜

早在先秦时期，巴、蜀先民们已经开始利用自然盐泉和裸露在地面的岩盐。秦统一巴、蜀后，随着铁工具的大量使用和大批移民入蜀，带来了中原的凿井技术和人才，蜀地的经济有了长足的发展。公元前 311 年，秦以张若为蜀守时，由于盐铁商业已具规模，所以在成都置盐铁市官并长丞，管理盐铁交易。战国末年，蜀守李冰在今双流地区开凿了广都盐井，揭开了中国井盐生产的序幕。

盐是满足人类生理需要的基本物质，也是国家财力的重要保障。正因为盐如此重要，盐神崇拜才得以产生并不断固化，不仅官方塑造出诸多官方盐神意图强化食盐垄断的合理性，平民也自造平民盐神用以证明平民同样拥有盐权的合理性。不论人们采取何种仪式祭祀何种盐神，最终都指向希望盐神能够帮助他们获得所需要和所希望的东西。

据研究，官方在宋代已有密集的塑造盐神活动，主要有以帝王将相为原型的盐神塑造，如西汉名将樊哙因在云安发现卤水而被塑造成云安食盐发现始祖；隐士扶嘉因开井采盐，预言了当地盐脉而被塑为盐神；樊、扶二人共主汉高祖，也因"开井利民"，同升为盐神；汉代荆州刺史杨震因发现盐泉而被祀为盐神；东汉大将马援因征五溪蛮，驻师于附近有盐井的伏牛山下，也被祀为当地盐神；等等。

还有以国家象征为符号的盐神塑造。"龙"常被视为皇帝的象征，代表着王朝或国家；卤与水有关，而水在传说中又归龙管，官方便将盐神与龙联系在一起。如云安盐场除祀扶嘉等为盐神以外，因扶嘉据九龙的启示找到云安盐水的位置，"又赐九龙以王号，今为九井之神"；通明县（今四川万源东南）宣汉井场祀奉"盐井龙王"，官方在此建宣汉盐井龙王祠；长宁军（治今四川珙县）奉祀"雌雄龙君"为盐神；等等。

至于民间自发形成的盐神，如邛州蒲江县（今四川蒲江县）人以盐工为原型塑造出3位女性盐神，称"三夫人"；富顺监（治今四川富顺县）因盐井"皆妇人推车汲水"，崇祀"玉女"盐神；简州（治今四川简阳市）因艾、谭、惠、孟氏4人在当地发现盐泉，将他们奉为盐神；等等。[①]

川盐产区供奉的盐业神灵除了上文中提到的以外，还有张道陵、开山姥姥、杨伯起、僧一新、炎帝、蚩尤等，其多元性、庞杂性较其他行业神更为突出。这些盐神在漫长的时光里成为人们精神与信仰的支撑和依托，还因此形成了许多建筑景观。四川省内江市

---

① 裴一璞.白鹿化龙：从宋代四川盐神信仰变化看官民盐权分配的博弈[J].四川师范大学学报（社会科学版），2014，41（5）：164-170.

资中县罗泉镇的盐神庙,不仅以"盐神"为名,而且主要供管仲为盐神,关羽和火神神像位置居后且塑像小,明显是管仲的陪衬神像。明代王圻在《续文献通考》中说:"三代之时,盐虽入贡,与民共之,未尝有禁法。自管仲相桓公,始兴盐策,以夺民利,自此后盐禁分开。"这大约是管仲成为盐神的原因。

自贡采盐历史悠久,以井盐为主,盐神崇拜也较多,其中井主梅泽与井盐的关系最为密切。关于梅泽的来历,宋代王象之在《舆地纪胜》中记载:"井主梅泽神,姓梅。梅本夷人,在晋太康元年,因猎,见石上有泉,饮之而咸,遂凿石三百尺,咸泉涌出,煎之成盐,居人赖焉。"[①] 自贡还有一种与盐相关的传统美食——富顺豆花,富顺豆花制作工艺被列入了四川省第一批非物质文化遗产代表性项目名录。

图3-25
盐神庙

---

① 王象之.舆地纪胜[M].北京:中华书局,1992.

五、美味川菜

川菜是中国八大菜系之一,具有浓郁的地方特色——麻、辣、香、鲜、油大、味浓,重用"三椒"(辣椒、花椒、胡椒)和鲜姜。

在清代乾隆年间,宦游江浙的四川罗江人(今属德阳市)李化楠收集、其儿子李调元整理的《醒园录》中,虽然详细记载了家厨、主妇烹饪的原料选择和操作程序,但全书丝毫不见使用辣椒的影子。

李调元在序中写道:"至于宦游所到,多吴羹酸苦之乡。厨人进而甘焉者,随访而志诸册。""吴"即江浙地区,但李化楠身为四川人,他的喜好不可避免地会影响食物的选择和记录。因此,《醒园录》应该是江南菜和川菜融合的书面记载。

李调元曾作诗《雎水关》:"官炭黄钱贩,番椒白草蛮。车书今一流,荒堡戍楼间。"雎水关在安徽,番椒就是辣椒。明代《草花谱》记载了一种外国传来的草花,名叫"番椒"。说明李调元当时已经知道有辣椒这种植物,只是平日饮食中没有用到。[①]

到了清代嘉庆年间,四川多地县志中有了辣椒的记载,这归功于清初移民入川以及他们带来的沿海农作物。四川人说的"海椒",表明此物来自外国。[②]

巴蜀女医家曾懿(1852—1927)所撰《中馈录》中的"制辣豆瓣法""制豆豉法""制腐乳法""制泡盐菜法"里,都有食用辣椒的记载。[③]

出版界先驱成都人傅崇矩(1875—1917)主编的《成都通览》,

---

① 四川省民俗学会,罗江县人民政府.李调元研究[M].成都:巴蜀书社,2007.
② 蒋蓝.极端植物笔记[M].北京:海豚出版社,2015.
③ 曾懿,陈光新.中馈录[M].北京:中国商业出版社,1984.

图 3-26
陈麻婆豆腐

记载了几百种陈麻婆豆腐、椿芽白肉之类的四川传统菜肴小吃,所记的川菜佐料——辣椒有十多种,如朱红椒、牛角椒、七星椒、灯笼椒、大红袍、满天星等。①

由此可以看出,川菜成形的历史并不太长久。

但川菜的影响力迅速扩大,不仅在国内家喻户晓,而且在西方世界也广为人知,在热播美剧《生活大爆炸》中,川菜就频繁出现。

川菜之所以能风靡全国,走向世界,一是因为味美,二是因为用料朴实,价格低廉。《华阳国志》描述巴蜀地区人们的特征时就强调其尚滋味、好辛香。据研究,"目前川菜已有3000来种,单从复合味型大类来看就有若干类,如麻辣味、红油味、糊辣味、酸辣味、陈皮味、家常味、椒麻味、鱼香味、怪味、椒盐味、酱香味、五香味、甜香味、香糟味、烟香味、咸鲜味、荔枝味、糖醋味、姜

---

① 中国人民政治协商会议四川省简阳市委员会,学习文史工作委员会.简阳文史资料第二十七辑:科举俊彦:简州状元文化[M].成都:[出版者不详],2013.

汁味、蒜泥味、麻酱味、芥末味、咸甜味等"①。在成都，无论是城市还是乡村，在人员流动密集的街道边，总有简陋而味美的川菜馆子，四川话叫"苍蝇馆子"，这些饭馆一般不大，几套桌椅板凳，却供应数十种不同组合的菜肴，价格并不昂贵，大部分人能吃得舒服、吃得开心。

六、酿酒工艺

川南位于我国白酒黄金三角区，白酒酿造历史悠久，优质白酒早已漂洋过海，世界闻名。四川除了川南的五粮液酒传统酿造技艺、古蔺郎酒传统酿造技艺、泸州老窖酒酿制技艺被列入国家级非物质文化遗产代表性项目名录以外，其他地区的水井坊酒传统酿造技艺、剑南春酒传统酿造技艺、沱牌曲酒传统酿造技艺等也被列入了国家级非物质文化遗产代表性项目名录。

五粮液酒酿造工艺产生于宜宾。以杂粮酿造为特色的五粮液，其前身可追溯到宋代的"姚子雪曲"。大约在明代，陈氏在宜宾开设温德丰糟坊，任酿酒师傅，几经摸索，创立了陈氏秘方。民国初年，邓子均继承陈氏秘方后，又多次对配方进行调整，使之在配比上更加科学合理。② 五粮液传统酿造技艺以高粱、大米、糯米、小麦、玉米5种粮食合理配比的陈氏秘方为核心，整个生产过程由制曲、酿源、勾兑等工艺，100多道工序组成。1915年，五粮液在美

---

① 袁庭栋.巴蜀文化[M].沈阳：辽宁教育出版社，1991.
② 肖金虎.长征路线（四川段）文化资源研究：宜宾卷[M].成都：四川人民出版社，2018.

国巴拿马太平洋万国博览会获得金质奖章,从此享誉世界。2006年,五粮液获得商务部颁布的第一批"中华老字号"称号。

特殊而复杂的五粮液酒传统酿造技艺集中了众多民间传统酿酒工艺的精华,即便在今天,这一传统工艺仍然有其不可替代的价值,是我国酒文化的重要组成部分。

古蔺郎酒传统酿造技艺流传于四川省古蔺县,是古蔺郎酒厂传承百年的传统技艺。北宋年间,古蔺县开始生产凤曲法酒。从1903年起,在该县二郎镇出现大规模以回沙工艺酿酒的糟房,其中以惠川糟房、集义糟房为代表,产品命名为"回沙郎酒"。1933年,回沙郎酒更名为"郎酒"。郎酒的酿造具有"四高一长"的显著特点,即高温制曲、高温堆积糖化、高温发酵、高温馏酒和长期贮存。在生产过程中,需要两次投粮、八次加曲发酵、七次蒸馏取酒、三次以上洞藏储存,最后以传统技术精心勾兑调味。

古蔺郎酒传统酿造技艺在当地民间酿酒工匠中以口传心授的方式世代相传,其中延续百余年的五月端午手工制曲、九月重阳投粮、高温生产、以洞藏方式促使新酿酒老熟陈化等技艺极具个性特点,在中国川南、黔北酿酒文化发展中具有很高的历史价值。

五粮液、古蔺郎酒都是蒸馏酒。蒸馏酒古称"烧酒""醇酒",是由低酒精度的米酒演变而来的,约成形于宋代,至今已有800多年的历史。制作时要先将谷物、薯类等富含淀粉或糖质的原料制成酒醅(没有过滤的酒)或发酵制成酒醪(浊酒),而后蒸馏成酒。蒸馏酒呈白色或微黄透明,因而俗称"白酒"。按照使用原料和糖化发酵剂来区分,蒸馏酒酿造时有大曲、小曲、麸曲酿造技艺的不同。蒸馏酒用料以粮食为主,可分高粱酒、玉米酒等种类,其中高粱含淀粉量高,蛋白质适中,最有利于酿制蒸馏酒。按照香型,蒸馏酒又可分为酱香型、清香型、浓香型、米香型、复香型等多种。

川南不仅产酒,还有与酒相关的习俗,比如请春酒。请春酒的饮食分三台,第一台吃茶点,第二台是喝酒吃"干盘子",第三台正餐吃九大碗。

七、传统戏曲

(一)川剧

川剧曾被称为"川戏",是中国传统戏曲剧种之一,流行于四川以及贵州、云南部分地区。

四川在宋代即有"川杂剧"的记载。明代"川戏"的靳广儿班曾远赴江苏表演,轰动南京,形成与南戏争胜的局面。明末清初之际,各省移民大批入川,诸多声腔相继来蜀,四川剧坛呈现"诸腔杂呈"的繁荣景象。乾隆、嘉庆年间,外来声腔逐步完成四川化的演变过程。及至道光、咸丰年间,以"大名班"的崛起为标志,高腔、昆曲、胡琴、弹戏及本土的灯戏由过去的"二下锅""三下锅"融为一体,形成延续至今的"五腔共和"的声腔体制。20世纪初,著名班社"三庆会"成立,使川剧从广场艺术向剧场艺术发展,川剧的艺术水准和文化品位迅速提升。2006年,川剧被列入第一批国家级非物质文化遗产代表性项目名录。

川剧由昆曲、高腔、胡琴、弹戏、灯调5种声腔组成。川昆源于苏昆,曲牌结构与苏昆基本相同,应用时有"单支"和"成堂"两种形式,主奏乐器是笛子。高腔在明末清初从外地传入四川,后结合民间歌谣、劳动号子、四川方言、发问说唱等形式，形成了具有地方特色的声腔。川剧高腔曲牌结构基本上可以概括为起腔、立柱、唱腔、扫尾，剧目多、题材广，适应多种文辞格式，兼有高亢激越和婉转抒情的唱腔曲调。胡琴是二黄与西皮腔的统称，二黄包括正调（二黄）、阴调（反二黄）、老调三类基本腔，西皮腔具有明朗、潇洒、激越、简练、流畅的特点。弹戏源自秦腔，受四川方言、四川锣鼓、民间音乐等的影响，曲调、唱法、唱腔结构都与秦腔有所不同。川剧弹戏以盖板胡琴为主要伴奏乐器，包括甜平、苦平两种情绪不同的曲调。灯调源于四川民间的迎神赛社时的歌舞表演，演的是生活小戏，唱的是民歌小调、村坊小曲，乐曲短小，节奏鲜明，轻松活泼，旋律明快。

川剧分文生、旦角、生角、花脸、丑角5个行当，各行当均有自成体系的功法程序，尤以文生、小丑、旦角的表演最具特色。

表演以"四功""五法"为基础，融入极具人物个性的变脸、变髯口、飞袍变须、滚地换装、吐火、藏刀、魔烛等特技，帮助刻画人物性格，烘托戏剧气氛。

川剧道具又称"切末"，具有一物多用的功能，某些道具随剧情发展而改变了用途。

川剧剧本极其丰富，素有"唐三千、宋八百，演不完的三列国"之称。除了传统剧目外，还有大量与时俱进的剧目。

（二）川剧围鼓

川剧围鼓是一种与川剧相生相伴的民间文艺，又称"打镏子""打排鼓"。清代宣统年间的《成都通览》记载："唱而不出脚

（角色），锣鼓均备，坐以唱说者也。一名围鼓。"[①] 原来广泛流播于四川、重庆和贵州、云南部分地区，现在主要分布于彭州市濛阳镇及其周边地区。川剧围鼓2010年被列入市级非物质文化遗产代表性项目名录。

表演时一般是多人围坐在茶馆里，有的打鼓、有的敲锣、有的吹笛、有的拉琴，生、旦、净、丑、末俱全，唱的是川剧，但只唱不表演，所以又叫"唱玩友儿"或"川剧坐唱"。在农闲时节，打围鼓处总是挤满听众，打击乐器铿锵有力、声响如磐，清唱则以高腔合唱、阳刚之气见长。节目多选折子戏，演出者都坐着唱，不用起身手舞足蹈。

川剧围鼓不仅为川剧艺术培养了忠实观众，也为川剧舞台输送过许多人才。这种根植于民间的川剧文化，给人们带来了无数欢乐，也对人们的审美情趣、生活习俗，乃至精神面貌和思想意识起到了积极影响。

（三）四川评书

四川评书是四川省传统曲艺剧种之一，又称"白话演说""评话"，起源于唐代的"说话"，明代发展为"评话"，鼎盛时期在清代，2011年被列入第三批国家级非物质文化遗产代表性项目名录。

表演形式为一人徒口讲说，通过叙述情节、描写景象、模拟人物、评议事理等艺术手段，表现历史及现代故事，辅有醒木、折扇和手帕等道具。

---

① 傅崇矩.成都通览[M].成都：天地出版社，2014.

据演出风格而有"清棚"和"雷棚"之分:"清棚"注重语言文采,擅长说演"文书";"雷棚"强调语气节奏,擅长说演"武书"。

表演题材丰富,包括日常生活、时政、历史故事、传说故事等。依话本的不同渊源而有"墨书"与"条书"之别:"墨书"指由小说改编演出的节目,如《三国演义》《水浒传》等;"条书"则是自行创编的节目,如《金鸡芙蓉图》《铁侠记》等。讲说表演引人入胜,语言幽默,极具地方特色。

1949年前后,四川评书艺人创造了一种短小精悍的"韵文评书",全用韵文叙述故事,如《冷枪战》《战天池》《米拉山上的英雄》等。20世纪50—80年代,评书艺人和专业作者把一批长篇小说,如《红岩》《保卫延安》《烈火金刚》《林海雪原》《平原枪声》等改编为评书讲说,并取得成功。

四川评书深受四川父老乡亲的喜爱,对于传承四川文化,丰富人们的文化生活,传播人文情感和社会价值观,具有极其重要的价值。

八、刺绣与服饰

(一)蜀绣

蜀绣是运用蜀地传统刺绣技艺和针法创作的绣品,与苏绣、湘绣、粤绣齐名,是"中国四大名绣"之一。起源于古蜀国的民间刺绣,根据三星堆出土的文物考证,距今已有3000多年的历史。西汉时题材已经比较丰富,图案大多寓意吉祥,扬雄在《蜀都赋》中说:"丽靡螭烛,若挥锦布绣,望芒兮无幅。"汉末三国时,蜀绣被

图 3-27
蜀绣作品

用来换马,以应作战之需。清代道光年间,成都始有刺绣作坊。光绪年间,四川设劝工局,下设刺绣科。20世纪50年代,蜀绣已遍布四川民间。到了70年代末,川西农村已形成"家家女红、户户针工"的盛景。

蜀绣主要流行于成都及周边地区。所用材料和工具包括针、线、面料、配线、劈丝(线)、刺绣、装屏(框)等。一般以绸、缎、绢、纱、绉和彩丝为主要原料,针法(有100多种)严谨细腻,色彩淡雅清秀,线条优美流畅,具有中国水墨画的格调。题材多为花鸟、走兽、山水、虫鱼、人物等。在色彩方面,相较于苏绣的清淡和粤绣的浓郁,蜀绣明丽饱满,带有淳朴的美感。在技巧方面,蜀绣已发展到双面、异形,甚至异色,双面异形绣是蜀绣的最高境界。绣品除了欣赏类的绣屏以外，还有被面、枕套、衣服、鞋袜、靠垫、桌布、头巾、手帕等日常生活用品，以龙凤缎被面最为著名。既有巨幅条屏，也有袖珍小件。[①] "芙蓉鲤鱼"和"大熊猫"已成为蜀绣的代表作并形成系列，其生动细腻的图案令人爱不释手。

蜀绣于 1915 年获得巴拿马太平洋万国博览会金奖，21 世纪初被人民大会堂收挂，2005 年《太阳神鸟》搭乘"神六"游太空后由国家文物局收藏，2006 年被列入第一批国家级非物质文化遗产代表性项目名录。

（二）羌族刺绣

羌族刺绣是羌民族特有的一种传统刺绣艺术，在商周时期就有了雏形，明清时期已十分盛行，2008 年被列入第二批国家级非物质文化遗产代表性项目名录。

针法以精巧细致的架花（挑花）为主，此外还有织字（提花）、纳花（扎花）、撇花（平绣花）、勾花（链子扣）等多种。绣品构图严谨，以几何形状为主，整齐匀称，装饰性强。题材大多是现实生活中的自然景物，如花草、瓜果、虫鱼、鸟兽，还有人物等。绣品以花围腰和云云鞋最为著名，也常应用于羌族人的衣裙、腰带、鞋带、头帕、袖口等处，密密麻麻的针脚增强了衣物的耐磨性。

羌族刺绣工艺精巧，极具民族特色和实用价值。其丰富多变的图案承载着远古羌人的文化精神生活，是羌族社会生活、历史文化以及民间艺术的宝贵载体。

---

① 本书编委会.中国地理标志产品集萃：纺织工艺品[M].北京：中国质检出版社，2016.

图 3-28
羌族刺绣作品

（三）蜀锦织造

蜀锦又称"蜀江锦"，沈从文在《蜀中锦》中说："'蜀锦'是指四川成都所织造的花锦。"在纺织行业中，蜀锦与宋锦、云锦、壮锦并称"中国四大名锦"。最早的文字记载见于秦惠文王时期。战国时期，蜀锦已是重要的贸易品。汉代，巴蜀的丝、锦、布、帛之饶，覆衣天下，蜀锦被誉为丝织技艺的"双璧"之一。汉置"锦官"，成都因此得名"锦官城"。唐代贞观年间，四川开文字织锦之先河。蜀锦在唐代发展至鼎盛，图案大多是团花、龟甲、格子、莲花、对禽、对兽、翔凤等，并被视为唐锦的代表。宋代元丰六年（1083），成都府尹吕大防创办成都锦院。朝廷还在成都设"博买务",规定布帛由博买务专卖,禁止商人和农民贩卖。清代光绪三十四年(1908),蜀锦在巴拿马博览会上获得金奖。1937年,中国蜀锦获得"东方美人奖"。1985年,在美国进行的手工织锦操作表演,引起了极大的轰动。

蜀锦织造技艺是蜀地工匠以花楼织机生产丝织提花织物的传统技艺,2006年被列入国家级非物质文化遗产代表性项目名录。花楼织机是生产蜀锦的专用工具,古代织造蜀锦的技能有打结、打纡儿(卷纬)、拉花、投梭、转下曲等。传统工艺流程包括挽花、投梭、提花装造组合、织机安装、挑花结本、打瓢子(打线综)等,其中以"拉花横扯"为特点的"挑花结本"工艺是其独特的织锦技艺,具有充分的代表性。从纹样设计、挑花结本到挽花工、织工合作生产,一直秉承着古老的传统。蜀锦品种繁多,传统品种有雨丝锦、方方锦、铺地锦、散花锦、浣花锦、民族锦、彩晕锦等。[1]

蜀锦织纹生动精致,色彩艳丽,纹样取材广泛,具有高度的概括性和艺术性,历朝历代都有许多人赞美它。比如唐代人张何在《蜀江春日文君濯锦赋》中说:"布叶宜疏,安花巧密,写庭葵而不欠,拟山鸟而能悉……言濯春流,鸣环乃出。于是近深沉,傍清泚。朱颜始映,珍簏方启。其始入也,疑芳树影落涧中,少将安焉,若晴霞色照潭底……稍变回鸾,全分舞凤。戏蝶时绕,娇莺欲弄……青为禁柳,红作宫花。"说锦上疏叶密花,布局恰当,蝶飞凤舞,栩栩如生,在濯于锦江中时,如芳树映落涧中,晴霞色照潭底。青的好像"禁柳",红的好像"宫花"。[2]

---

[1] 汤朝菊.中国文化集萃:国家级非物质文化遗产名录多语译介:巴蜀卷[M].重庆:重庆大学出版社,2016.
[2] 钟秉章,卢卫平,黄修忠.蜀锦织造技艺[M].杭州:浙江人民出版社,2014.

图 3-29 蜀锦

（四）川剧服饰制作

川剧服饰大有讲究，俗语说"宁穿破，不穿错"，意思是宁肯穿破戏服上台演戏，也不能将人物的服饰张冠李戴。

川剧服饰制作技艺技术细致繁复，手工工艺性强，成品精美，品种多样，是传统工艺中独具特色的特殊种类。其制作工艺涵盖了蜀锦、蜀绣等多种技法，要经过数十道工序。川剧戏装包括蟒袍、靠子、官衣、褶子等。其中川剧褶子、排苏等在全国戏曲服饰中独具一格，图纹样式、刺绣工艺和制作工艺为四川所独有。

剧团历来对戏装都有严格而细致的分类，有"大衣柜"和"二衣柜"之分。大衣，就是剧中帝王将相、娘娘嫔妃、内阁大臣等所穿的服装，有蟒袍、官衣、蓝衫等；二衣，就是剧中元帅大将、马步兵丁等所穿的服装，有铠甲、靠子、袍子等。

在颜色方面，黄色多用于皇生，绿色多用于红生，白色多用于武生，黑色和蓝色多用于正生，黑色多用于净，红色常用于丑。

川剧服装在戏剧艺术史上别具一格，被西方人誉为"迷人的华丽"与"色彩的调和"，能够造成"神话般的奇妙"效果。2006年，川剧服饰制作技艺被列入成都市市级非物质文化遗产代表性项目名录，项目保护单位为锦江区长洲剧装场。

九、糖艺与面人

（一）成都糖画

糖画，顾名思义就是用熔化的糖汁作画。大约起源于16世纪，在明代宫廷习俗中，每当新年祭祖时，官宦大户人家往往用模具印制糖狮、糖虎和文臣武将等形象用以祭祀。后来该技艺传入民间，逐渐演化为糖画。四川民间过去又称其为"倒糖饼儿""糖粑粑儿""糖灯影儿"等。

成都糖画是各种庙会、集市不可缺少的一部分，受到人们，特别是孩子的热烈欢迎。1993年，成都市锦江区被文化部授予"民间糖画艺术之乡"的称号。

图 3-30
成都糖画

绘制糖画前,先要炼制糖片。将水与糖按一定比例,放入铜锅中加热,轻轻搅动,防止粘底。待色泽稍微变黄,大泡变为小泡,糖浆就达到合适的温度了。趁热倒在大理石板上,冷却凝固后,把糖片切碎,收入盘中保存。

绘制糖画时,把糖片放在铜锅内用小火完全熔化,用一柄小铜勺舀出熔化的糖,运用抖、提、顿、放等不同手法,在大理石板上倾铸出花鸟、鱼虫、飞禽、走兽、人物等,用一根竹签黏合支撑,用起子把糖画"起"起来,一个糖画作品就完成了。

有的地方还有转糖饼这种售卖形式,即顾客付钱后,先在转盘上转动竹箭,转盘上绘有各种图样,箭头停在哪个图样上,糖画艺人便做什么图样,增加了娱乐性。

(二)黄氏吹糖人

内江曾因盛产甘蔗,制糖业十分发达而有"甜城"的美誉。

"在辛亥革命前后和抗日战争时期,内江制糖业达到发展的高峰。内江的制糖业与自贡的制盐业并称为抗战时期四川的两大重要产业。"内江素有"三里一糖坊,五里一漏棚"的说法,制糖业影响着城镇聚落形态与空间布局的同时,也催生了各种糖文化,"吹糖人"就是其中重要的民俗技艺之一。

"20世纪70年代前,在内江城区、场镇的大街小巷都能看到肩扛高凳和吹糖工具,走街串户叫卖的吹糖人。随着几声清脆的锣声和吆喝声,一群孩子就会脚下生风,把小小的糖摊儿围起来。孩子

图 3-31
黄氏吹糖人作品之龙缠柱

们瞪大双眼,眼睛随着糖人师傅灵巧的双手滴溜溜地转,惊奇地看着孙悟空、飞龙、雄鸡、白兔、老鼠等一个个栩栩如生的形象在糖人师傅手中诞生,一块麦芽糖稀经他捏、搓、拉、揉几下,用嘴一吹,手上就托起了这些生灵。"①

近些年,随着内江产业结构的调整,内江制糖业在省内的影响力下降,城乡儿童娱乐方式的多元化和网络化加速了内江吹糖人技艺的消逝。原来走街串巷的手艺人纷纷改行,那些留在"甜城"内江记忆深处的糖人也越来越难以看到了。

(三)成都面人

面人又称"面娃娃""面塑""礼馍""面花",是用面团捏出人物、花鸟、动物等各种造型的传统技艺,主要分为面花、悬挂面人、签举面人、案头面人等类型。作品注重神韵、手法简练、淳朴敦厚、色彩艳丽,造型饱满完整、略有夸张。

制作过程复杂,首先是精选上等面粉,按一定比例加入糯米粉、盐、热水、蜂蜜等,不断搅拌至均匀后,再将生面反复揉制成团。将制好的生面团上锅煮或蒸约30分钟,直至变熟,取出熟面团。将冷却后的熟面团反复揉搓一小时左右,使面团达到一定的柔韧度,然后分成数小块,按一定比例加入适量所需颜色的食用色素,再次反复揉搓,直至色彩均匀。在制作的过程中,再次揉搓面团使

---

① 包中强,龚正,晏治权."吹"出来的绝活:内江传统技艺"吹糖人"的变迁[N].内江日报,2014-04-13(1).

其达到能够使用的柔韧度后，利用捏、压、剪、挑、粘、接等手法塑形，用刀、剪刀、滚签、木梳、拨子、线等工具对面团进行点、切、刻、划、抹，使其逐渐成形。

面塑行业以诸葛亮为祖师爷。传说在三国时期，诸葛亮征伐南蛮，在率军渡泸江时忽遇狂风大作。大家以为是河神作怪，一时间军心恐慌。为了安抚将士，机智的诸葛亮让人用面糊捏制成人头与牲口的模样来祭拜江神，结果安然渡江，并平定了南蛮叛乱。

成都物产丰富，盛产小麦和糯米，同时文化底蕴厚重，从而具备了面塑艺人生存与面人艺术发展的条件。成都面塑艺人做出的作品，内容丰富多彩，形象多样，精致优美，构思巧妙，色彩美艳、华丽，又给人淳朴、自然之感。

十、医药与体育

（一）成都中药炮制技术

中药来源于自然界的植物、动物和矿物。我国传统药材资源有1万多种，但中药临床应用和成药制作一般不用生药，而用经过加工炮制的成熟品，即饮片。

中药炮制是根据中医药理论和医疗、调剂、贮藏等不同要求，以及药材自身的性质，采用水制、火制及增添辅料制作等方法，对生药进行加工的特殊技术。其加工流程上可追溯到药材的种植、采集或饲养，以炒、炙、烫、煅、煨等火制方法最为常用，故名"炮制"。

中药炮制的目的在于降低或消除药物的毒性和副反应，缓和或改变药性，从而提高疗效，便于调剂、贮藏和服用，核心是减毒增效。从古至今，中医药行业在中药炮制方面积累了大量经验，总结了成套的理论，发明了不少技术，形成了众多流派，编著了大量著作，中药炮制技术成为中药学的重要内容之一。

四川有"中医之乡、中药之库"的美称，中药资源有5000多种，其中著名道地药材和主产药材有30多种。

成都中药炮制技术起源暂不可考。中华人民共和国成立前，成都有近百家中药房，各店都有独特的炮制技艺。1956年开始公私合营，所有中药店合并成三家较大规模的药店，即成都同仁堂、庚鼎药房、精一堂。1966年左右，三家药店又合并为成都工农兵药厂。改革开放初期，更名为成都中药厂。2008年，由四川省成都市申报的中药炮制技术被列入第二批国家级非物质文化遗产代表性项目名录。

（二）青城武术

青城武术是中国武术的四大门派之一，发源于四川青城山。它并非单个门派或单个技艺，而是以青城山为中心的各门派武术的总称。青城武术上可追溯到4000多年以前，传说轩辕黄帝曾在青城山向宁封子学轻功"龙跷飞腾"术。东汉张陵在此留下雌雄龙虎剑、降魔功，形成了青城武术的雏形。后经唐代杜光庭，宋代王小波、李顺的大力发展，才形成具有完整体系、独特风格的青城武术。清代蟠龙真人把青城武术汇总编为《剑仙功》《玄秘功》《金丹大道》《万法秘藏》《鬼谷子生死术》等，在青城山传播，掀起振武

图 3-32　青城山

高潮。民国时期,都江堰域内先后成立"武士会""国术馆"等武术场馆。1995年,经有关部门严格审查,认定陈生一、周烈光、余国雄为青城派武术代表人物,并被收入《四川武术大全》。

青城武术的特点是长短兼施、借力打力、以柔克刚、不使蛮力,以通脉练气为基本功,武学理论与道学思想相通,尤以功法、剑术和拳术见长。

青城武术中还保留了大量道教养生功法,传承了数千年武脉不断的历史和有关传说、典籍。

第四节
典型聚落

一、洛带古镇

洛带古镇位于成都市区正东约18千米处，有"中国西部客家第一镇""世界的洛带，永远的客家"之称。

相传洛带在汉代时已成街，名为"万景街"。"洛带"原作"落带"，得名有两个来源：一是据说三国时刘禅在镇上玩耍，为了捉鲤鱼而不慎将玉带掉入镇上一口八角井中，故得名"落带"；二是因此地有"天落之水状如玉带"之河，故称"落带"。后逐渐简化、约定俗成，成为"洛带"。"洛带"之名最早见于唐末五代人杜光庭《神仙感遇传》所载"成都洛带人牟羽矣"，说明"洛带"之名成于唐末以前。北宋皇祐年间的《圣母堂记》里，已称"洛带"为镇，可见洛带实为千年古镇。

自明末大批福建、江西、广东籍客家人迁居于此，客家人"住山不住坝"的习俗在成都得到保留。数百年间，由于受"蜀道难"的地理环境隔绝，四川客家人很少能与原地乡友沟通，从而形成了客家语言、习俗、建筑等的"文化飞地"。即使在今天，"宁丢祖宗田，不丢祖宗言"的客家传统仍有痕迹，上了年纪的洛带老人都讲一口流利的粤语，被人们称为"土广东"。

从聚落来看，洛带形成了"一街七巷"的格局。"一街"由上街和下街组成，宽约8米，长约1200米，东高西低，石板镶嵌。街

图 3-33
洛带古镇牌坊

衢两边纵横交错着的"七巷"分别为北巷子、凤仪巷、槐树巷、江西会馆巷、柴市巷、马槽堰巷和糠市巷。上下街口各立有一个山门,每条小巷与老街的交接处也有一个栅门,白天街衢通畅,夜晚窗关门闭,南北高耸碉楼各一个,展现了安全防盗、封闭内聚、抱团生存的客家大院之风。①

镇内四大会馆——广东会馆、江西会馆、湖广会馆、川北会馆,以及客家博物馆、客家公园最为出名。"由于语言、习俗等的差异,刚到一个陌生之地的移民群体与土著及其他省的移民间存在较大的隔阂,缺乏认同感和信任感,使得各省和各地区的移民内部需要一种内聚的集体组织,互相帮助,共御外来势力,而对乡土的眷恋和共同民间信仰的因素,使这种组织以会馆及其相应的庙会

---

① 刘小方. 遗落蜀境的客家院落[J]. 百科知识, 2014(18): 58-60.

图 3-34　湖广会馆

出现。"① 清代乾隆年间的《威远县志》记载："故邑称客民曰五省人，并蜀人实六省也，各建会馆，崇祀桑梓大神，蜀都曰惠民宫，两湖曰禹王宫，两粤曰南华宫，福建曰天后宫，江左曰万寿宫，贵州曰荣禄宫。"②

从洛带古镇的空间布局来看，"四大会馆自西向东沿主要街道边分布，成为街巷空间中控制性节点，也是洛带古镇的重要标志"③。会

---

① 蓝勇.清代西南移民会馆名实与职能研究[J].中国史研究，1996（4）：16-26.
② 李南晖，张翼儒.威远县志[M].[出版地不详]：[出版者不详]，1775.
③ 吴斐，左辅强.洛带客家文化与传统聚落空间互动研究[J].华中建筑，2014（9）：140-143.

馆位置居中,自然方便发挥会馆在"迎麻神,聚嘉会,襄义举,笃乡情"方面的社会功能,这些功能一方面呈现了客家人同籍互助的心理诉求,另一方面也能为同乡搭建情感沟通和商贸方面的平台,正如南华宫正门对联所云:"云水苍茫,异地久栖巴子国;乡关迢递,归舟欲上粤王台。"从会馆的建筑风格来看,不同地域的建筑风格都深刻体现在各自会馆之中。如广东会馆"临街一面及左右两侧山墙皆以厚重高大实墙围合,几乎不开窗,上部升高做成起伏的半圆巨壁式封火山墙,高出屋顶瓦面,既可防风又可防火,有着广东马头墙的余韵"[①]。

图3-35
广东会馆的屋顶

[①] 马跃峰,张庆顺.聚落·会馆:洛带客家移民文化之初探[J].重庆建筑大学学报,2005(2):30-34.

"巫半截、郑半边，刘惠安占中间"是民国时期洛带建筑产权格局的流行说法，其中"巫半截"指的就是巫氏大夫第。始建者为巫氏入川后第二代传人巫作江，建筑年代大致在清代乾隆末至嘉庆初，因巫作江曾被清廷诰赠为"奉直大夫"，故名"大夫第"。这座府第的平面布局为复四合院式，以大门为中轴线对称排列，由大门、过厅、院坝、前中后三堂、东西花厅、厢房及通街厅道和一个附属小四合院组成。数重纵向布局的正房中，以最后一层的建筑最高，体现了客家人长幼尊卑分明的观念。在同一个院落中，中间的正房高于两边厢房，体现了客家人的护卫意识。大门外为竹林区、树林和菜地。整个平面四横二纵，天井复天井，小天井连着大天井，大院落连着小院落。花厅廊庑及卷棚构思精巧，做工考究的各式花格木窗上雕琢的花鸟虫鱼形态逼真，极具观赏价值。

洛带古镇有客家龙舞、客家婚俗、客家水龙节、东山客家话、客家祭祖仪式等非物质文化遗产，还有伤心凉粉、烟熏油烫鹅等客家美食。

二、亚者造祖村

亚者造祖村位于四川省绵阳市平武县白马藏族乡西北部，距离乡政府约20千米。东临九寨沟，西接王朗自然保护区，南与黄龙接壤，北与厄哩村相连，处于绵阳至九寨沟线路上，位于大九寨国际旅游区内。

白马人历史悠久，主要分布在今四川西北部、甘肃南部。《史记·西南夷列传》载："自冉駹以东北，君长以什数，白马最大，皆氐类也。"汉代时，为了管辖这里的氐羌人，设置了4个氐道，包括在今平武县东设的刚氐道。唐代吐蕃东征，占领了整个氐族地区，大批吐蕃军民与氐族杂居，使一部分氐族逐渐丧失了固有的文化特征，形成了藏化的氐人，也就是今天白马藏族的祖先。[1]白马藏族乡宋末属龙州三寨长官司白马寨辖地。从元、明、清至1940年，亚者造祖村隶属于黄羊特编乡。此后亚者造祖村的隶属有多次变化，直至1984年，隶属于白马藏族乡。[2]

亚者造祖村四面环山，夺补河流经全境，村落基本沿夺补河分布，自北向南依次是刀切加、色腊路、详述加、色如加、扒昔加5个寨子。在布局方面，整个村子总体呈寨群集合体，基本没有单独存在的房屋，多数房屋都根据地势条件成簇成团围合而建，布局紧凑，形成院落式或天井式的平面形式。土墙杉板房是白马藏族的传统民居类型代表，但在亚者造祖村，现在主要是土墙青瓦木构楼或青瓦木构楼，依山势而建，错落有致。[3]其中，扒昔加寨是亚者造祖村最有特色的古寨之一，依山傍水，寨子右边拱卫着的阿贝索日神山，雄伟肃立，神山上浓荫覆盖，泉水潺潺，仿佛世外桃源。每家屋顶都有一顶白毡帽和两只白公鸡塑像，白马人把白公鸡作为吉祥物和守护神。

亚者造祖村的非物质文化遗产种类丰富、民族特征明显，传统技艺有白马擀毡帽、白马藏人剪纸、花腰带制作、白马藏人咂酒制作、白马藏人蜂蜜酒制作，传统舞蹈有跳曹盖、圆圆舞、猫猫舞，

---

[1] 曾维益.平武土司述略[J].康定民族师范高等专科学校学报，1999，8（2）：26-32.
[2] 马骏.基于文化旅游的白马藏族传统村落保护与发展研究：以四川平武亚者造祖为例[D].西安：西安建筑科技大学，2018.
[3] 毛芸.四川平武白马藏族村落：亚者造祖村村落的演变、传承与保护[D].成都：四川农业大学，2016.

乡风民俗有白马风俗、白马十八寨文化村，传统音乐有白马民歌，民间文学有白马人口头民间文学，传统美术有曹盖面具。[1]

白马人能歌善舞，服饰独具特色，男装为白色或青色右开襟长衫，系自制宽腰带；女装为白色或彩色长衫，下摆为百褶裙，上装胸、肩、袖等处和下摆边缘有彩色装饰，胸佩鱼骨牌，腰系自织彩色腰带，并配以铜钱串；男女均戴自制盘形荷叶边白色羊绒帽，顶插一支或数支白色公鸡尾羽。[2]

三、三多寨村

三多寨村位于自贡市大安区三多寨镇，雄踞于当地牛口山尾端一处高出周边约80米的山顶上。从地形来看，三多寨地处威远县、富顺县、大安区三地交界地带，毗邻沱江，交通相对便利。自威远县逶迤而来的牛口山南高北低，不仅沟壑纵横、林木茂盛，而且山崖陡峭，犹如斧削刀劈，极为险峻。所以在此地修筑村寨，不仅可以方便地获取必需的生活资源，又能相对长久地固守家园。

从村落历史来看，这里的确是因盐而生。清代咸丰三年（1853），太平军自武汉出发，浮江万艘，长驱而下攻陷南京。远在四川自贡的盐商们在享受"川盐济楚"带来的巨大财富的同时，也深刻感受到太平军实实在在的威胁。这一年，自贡盐商巨富李振亨联合颜昌英、王克家等看中了牛口山上这片平地。经过6年修筑，

---

[1] 程茜.平武县传统村落现状与保护调研报告[D].绵阳：绵阳师范学院，2019.
[2] 李贫，胡宇，陈荣.感受"人类活化石"山寨的古朴与沧桑[N].绵阳日报，2017-01-08（01）.

图3-36 三多寨

一座攻防兼备的村寨拔地而起,成为川南独具特色的盐商村落。村寨是李、颜、王三家共建,又因希望多福、多寿、多男子,而取名为"三多"。

从村落空间布局来看,三多寨的军事堡寨功能鲜明,周长4000多米、高约10米的砣石寨墙今天依旧存在。"因西面地势相对平缓,故筑了内外两圈寨墙,开了内外两个西寨门。4个寨门设有4个哨所,枪垛2555个,炮台24座。寨内有农田400亩,修建房屋数万间,自开水塘,广储粮草。关上四方寨门,整个寨堡俨然就是一座封闭的城池,易守难

图 3-37
三多寨的古城墙

攻,防御坚固。"① 村寨内部,又以"南门街市为核心,沿南门连接东、西、北门道路,呈放射枝状布局,其他道路呈蛛网状密布于村庄中,形成纵横交错、阡陌交通的村寨格局,其中又以南门至北门为最主要的发展轴线"②。

三多寨修筑之初,李、颜、王三家先在寨内占据吉地营造府宅。随着战事的吃紧,又有周边地区的盐商及乡绅陆续来此寨定居,逐渐形成了"集中连片,相生相连"的 100 多处建筑,从南门到北门约 1000 米长的石板大路旁是气派的公馆、雅致的庭园和连排相接的门面店铺,屋宇毗连,楼房林立。"建筑形式有中式大屋和西式洋楼,建筑装饰不求华丽奢侈,但精巧别致,给人高雅素净的感受。"③ 三多寨的建筑大多以"堂"命名。《说文解字》:"堂,殿也。"本意是高大的房屋,特指帝王所居和朝会的地方,或供奉神佛的地方。以"堂"命名寨内房屋,无疑体现了盐商对自己居住空间的文化拔高。李振亨

---

① 崔燃,易霄宇. 自贡盐商李振亨:打铁铺帮工,成一个时代大传奇[EB/OL]. (2014-09-14)[2019-05-10]. http://sc.people.com.cn/n/2014/0914/c345458-22303575-5.html.
② 刘春,王刘辉,王倩. 自贡三多寨传统村落保护与发展[J]. 城乡建设,2016(9):82-84.
③ 张晓阳,高勤. 自贡市三多古寨及传统村落保护[J]. 四川建筑,2015,35(3):49-51.

的退思堂，堪称当年寨里第一豪宅，占地10多亩，主体塔3层，楼4层，灰墙红门青瓦，两头高耸的封火墙巍然屹立，彰显着财富与地位。从传统院落来看，三多寨的中式大瓦房有陶淑堂、桂馨堂等10处，西式洋房有一福堂、保善堂2处，中西结合式有双新堂、凝善堂等18处，宗教庙宇2处。

由此可以看出，三多寨的盐商气质浓郁，只有走南闯北、见多识广、实力雄厚的盐商，才能在清末激荡的历史风云中汲取中西建筑文化的精髓，在川南筑起这座风格迥异的村落，人称"川南第一寨堡"。过去有峻岭横烟、双

图 3-38　退思堂

塘映月、尖山晚照、佛寺晓钟、古井泉香、仙洞云峰、马鞍曙色、肖岩滴翠八大美景，现在仍有耍龙灯等传统表演，绣花、石木雕刻、缝纫、编织、制作、印刷及手工制作食品（如手工面）等手工技艺。

四、迤沙拉村

迤沙拉村位于攀枝花市以南约60千米处，北与大龙潭乡相接，东与凉山彝族自治州会理县绿水乡隔金沙江相望，西与白拉古村毗邻，南与平地村接壤，国道108、成昆铁路经过该村。

图 3-39　迤沙拉村

迤沙拉人属于彝族中的"俚濮"支系，据《西南彝志》记载，其始祖叫阿普都木，因战乱自中原而迁移至此地生存繁衍。迤沙拉村在远古时期是一个很小的彝族人部落，现在是我国最大的彝族自然村。汉武帝时期，南方丝绸之路经过迤沙拉村，并在此扩建了渡口。三国时期，诸葛亮"五月渡泸，深入不毛"，曾在迤沙拉一带屯兵。在离迤沙拉约10千米的方山，如今还保留着诸葛亮营寨古迹。唐代，曾在迤沙拉古道上设有驿站。明代洪武年间，元末梁王把匝剌瓦尔密负隅顽抗，朱元璋派大军南征，随后又实行屯边政策。在这个过程中，一些来自江苏、江西、浙江等地的男丁入伍来到云南，战争结束后与当地人结婚，依照"三分操练，七分种，犬牙相制，以守其地"的原则定居于此，成为迤沙拉村原始居民的重要来源。

　　至今，村里主要的姓氏有起、毛、纳、张4种，流传着"起家车轮子，毛家笔杆子，纳家包谷子，张家酒坛子"之说。其中，毛和张是明显的汉姓；而"起"姓，《百家姓》里没有，在彝族姓氏中也找不到，可能是汉族"祁"姓在当地的转变，也可能是举旗兵定居后改的姓，以纪念自己在征战云南中的功劳和在军队中掌旗的荣誉。总之，都反映了汉民族文化的深刻影响。此外，彝族人有句顺口溜："祖籍应天府，大坝柳树湾。为争米汤地，充军到云南。"[①]

　　作为古代南方丝绸之路拉鲊古渡的一个重要驿站，迤沙拉村在数百年间见证了多民族文化交融的厚重历史。村落依平缓的金沙江西岸台地而建，平均海拔1700米左右，建筑布局、街巷设计

[①] 王文君.中国彝家第一村：攀枝花迤沙拉民族历史文化研究[M].成都：四川科学技术出版社，2005.

非常讲究，一反彝族村寨零散的特点。彝族其他村寨一般无街无市，而迤沙拉村有街巷、门肆，还有骡马客栈。房屋不是彝族山区流行的瓦板房，而是瓦房，非常讲究工艺水平，村里家家有院，院院相邻，正屋的大门几乎都朝向东南，具有"五岳朝天、四水归井"的建筑特点和大量的马头墙建筑。堂屋里只摆神龛，不设锅庄。现存的建筑多为清代康熙年间老屋，如起家大院、毛家大院、纳家大院等，大多是夯土为墙的木穿斗架结构，四合院式组合，少量三合院式的组合，正房面阔三间，多宽敞，外有出檐较深的檐廊。[①] 这里的四合院与我国北方的四合院并不完全相同，而是"古式大排枋架一楼一底土木结构的小青瓦楼房，一户一个'口'字形小院单列……四合院一般由正房、左厢房、右厢房以及正前方的畜圈组成，正房与厢房之间用板壁相隔"[②]。整个村落正是由这样的院落构成，在台地上层层紧密分布，久而久之，形成了蔚为壮观的红色村寨。

村中的彝族男人不穿查尔瓦，彝族妇女不披羊皮褂。服饰多为手工制作，颜色鲜艳多彩、做工精细。其中，少女和已婚未生育的妇女佩戴的"扣花帽"尤具特色，一般用青色、黑色、蓝色等几种布料，用各种花线绣花、滚边，配以银饰、彩色飘带、缀珠等。从侧面看，像一只孔雀静卧在地面。中老年妇女则用帕裹头，叫"包头"。她们还喜欢佩戴耳环、项链，系花边围腰，穿圆口绣花鞋。

在传统技艺方面，俚濮刺绣极具地方色彩，雕刻工艺不凡，乐

---

① 四川省攀枝花市平地镇迤沙拉村委会.茶马古道上的重要驿站：迤沙拉[J].小城镇建设，2006（11）：32-35.
② 普光泉.迤沙拉里泼民俗文化初探[J].攀枝花学院学报，2011（2）：5-9.

图 3-40　迤沙拉村的民居

图 3-41　迤沙拉村的路

器制作种类多，器皿造型别致。

迤沙拉彝人能歌善舞，有跳脚调（打跳曲填词唱的歌）、茶马古歌、谈经古乐、打跳舞、左脚舞、鹧鸪舞、叶子舞、毕摩舞等。劳动之余、山道跋涉、节庆、婚嫁、丧葬以及青年男女交往，都能用歌舞传情达意，特别是每年农历正月初一至十五、姊妹节或六月二十四的火把节，更是夜夜狂欢。而农历二月初八是迤沙拉姊妹节，村中男女老少穿起新衣，迎接远嫁的女儿和姊妹回家，一起欢歌打跳、杀牲煮肉、共叙亲情。

村中民间传说和故事也很多，比如火把节的传说、"松毛席"的传说、"全羊汤"的传说、马可·波罗到访的传说、马帮故事、古道客栈轶事、名人雅士逸事等。①

五、太平古镇

泸州古蔺县太平古镇位于古蔺河与赤水河交汇处，距县城古蔺35千米，与贵州省习水县醒民乡隔河相望，为古蔺出川入黔的东大门。

先秦时期，太平古镇属古鳛国部落和夜郎国，称"落洪口"。明代，来自江西龙南县太平堡的商人朱复桐在此地定居后，将"落洪口"更名为"鹿平场"，以纪念朱熹在白鹿洞书院讲学传道；后来，朱氏后裔因怀念家乡的"太平堡"，又将其易名为"太平渡"，

---

① 杨曦宇.古村落非物质文化遗产的挖掘及保护：以历史文化名村迤沙拉村为例[J].大众科技，2011（11）：239-241.

沿用至今。明末清初，因川盐入黔的交通需要，人们在此地设立水路驿站，多家盐商逐渐涌入，南来北往的船只不断增多，古镇因此逐渐繁荣。1935年，红军在川、滇、黔边界四渡赤水，第二次、第四次渡赤水就是从太平渡过河的。

太平古镇总体布局以自然山水为基础，山环水抱，自然聚居而成，素有"小山城"之称。现存古建筑多始建于明清时期，吊脚楼尤其引人注目，如红军总司令部旧址内的吊脚楼。此地的吊脚楼正屋建在地上，厢房一边靠在实地

图3-42　太平古镇

上与正屋相连，其余三边皆悬空，靠柱子支撑。房屋的底层一般不住人，作为堆放杂物之用。主要街道是长征街、红军街、顺河街，石级街道两旁是店宅和院落式民居。店宅是传统街区的主要建筑，有前店后宅式、上店下宅式、下店上宅式，建筑结构主要是穿斗式和混合式。院落古朴、宽敞、清净，具有典型的川南民居风格。

太平古镇旧时有九溪烟雨、鹰石缅怀、落洪晓渡、春燕衔泥、荣盛星火、营顶夕照、渔翁垂钓、犀牛望月八景，因红军在此二渡赤水、四渡赤水而遗留了许多珍贵的红色文化，如拥有毛泽东、朱德、周恩来等同志休息处，红一、三、五军团部驻地旧址，红军临时医院，苏维埃临时银行等87处红军遗址的长征街。

太平古镇民族民俗文化丰富多彩，有苗族歌舞、古蔺花灯、古蔺扬琴、赤水河船工号子、划龙船、耍花灯、牛灯、打连厢、唱川剧等。

六、白马村

白马关在今四川省德阳市东北，与鹿头关相对，有"南临益州开千里沃野，北望秦岭锁八百连云，东观潼川层峦起伏，西眺岷山银甲皑皑"之势。《新唐书·地理志》载："有白马关。"据《太平寰宇记》记载，白马关"在县西南十里，与鹿头关相对"。《读史方舆纪要》也有类似记载：白马关在"县西十五里，与德阳县鹿头关相对。山至险峻，有小径仅容车马。三国时营垒也。其下名落凤坡，相传庞士元侍昭烈至此，卒于流矢下"。

图 3-43　白马关

白马村位于白马关镇西北部元宝山，因从成都到陕西的古驿道经过此地，再加上庞统骑白马在落凤坡中伏而亡，人们为了怀念他，故在此建房，随后不断发展，形成至今的村落格局。该村的选址与整体山水格局、周边地形地貌息息相关，具体表现为倒湾位于陈家山下，背靠大山，古驿道从其侧边穿过，正面有一山坪塘。村落呈"品"字形，村内有大统巷、弹琴巷等重要街巷。

现在，以白马村为核心的白马关景区内有纪念庞统的庞统祠、从白马旧场到落凤坡的金牛古道、张飞为庞统报仇而点将的点将台、

图 3-44
庞统祠

诸葛瞻与邓艾决战的八卦谷、庞统被射落马的落凤坡、以徽派迷宫院落为主的倒湾古镇、因"五丁开山"而得名的五丁谷等。

七、昭化镇

昭化镇位于四川省广元市昭化区西北部，嘉陵江与白龙江的汇合处，东与射箭乡、明觉镇交界，南与朝阳乡接壤，西与剑阁县剑门关镇、下寺镇和利州区赤化镇、宝轮镇相连，北与盘龙镇毗邻。有"东来有桔柏渡以拒之，西出有天雄关以镇之，南下苍阆有梅岭关以间之，北渡阴平有白水关以守之"的独特地势，被誉为"全蜀咽喉""川北锁钥""巴蜀第一县""蜀国第二都"。

昭化古称葭萌，春秋战国时为蜀王领地，蜀王开明氏封其弟为苴侯，以葭萌为都邑。秦灭苴国后，于此地设立葭萌县。后多次改名，直至宋代改名为昭化，沿用至今。

昭化古城一面临江，三面环山，以城墙为界的城池外形像一只葫芦，蜿蜒的嘉陵江和白龙江像葫芦的藤蔓，故有"金线系葫芦"一说。原城池位于其东北的土基坝，东汉末年迁建于现在的位置，旧为土筑，汉城墙为夯土墙。现城垣为明代正德年间所建，清代乾隆年间复建。夯土版筑，外包砌石条，糯米浆石灰黏结。

东门、西门、北门三座城门雄姿仍在，据清代道光二十二年（1842）《昭化县志》记载："旧系土城，明天顺年间全筑以石，围城三里七分，其墙四百三十八丈，高三丈，厚一丈二尺。上覆患房，四面有楼，东门曰'瞻风'，南门曰'临江'，西门曰'临清'，北

图 3-45 临清门

门曰'拱极'。四周挖凿城壕积水于其中。"古城墙残垣尚存，非常厚实。三横两纵、中间高两侧低的青石板街随坡就势，风格独特。街巷之间呈"丁"字形，没有"十"字路口。龙门书院、考棚、怡心园、县衙、辜家大院、益合堂等建筑，以及穿斗结构、小青瓦、门扉窗棂图饰古朴的居民宅院，融合了我国古代南方和北方建筑的风格。

除了白龙江、嘉陵江、翼山、笔架山、牛头山等自然风光以外，昭化古城以三国文化著称。刘备曾以葭萌为根据地，张飞、黄忠、霍峻、费祎、庞统、马超、魏延等众多三国人物曾在昭化运筹帷幄、厉兵秣马、跃马扬戈，留下了大量遗迹：葭萌古关、费祎墓、战胜坝、天雄关、牛头山、姜维井、桔柏古渡、关索城、鲍三娘墓等。站在牛头山上俯瞰，可以体会张松所说的"此城两江汇合，绕城东去；金牛古道，穿城而过；剑门雄关，巍峨傍立；桔柏古渡，扼江拒守"。小说《三国演义》和史书中描述了发生在此地的张飞夜战马超，老将黄忠、严颜勇退曹兵，姜维兵困牛头山，关羽义子关索之妻鲍三娘战死桔柏渡，"蜀汉四相"之一的费祎遇刺身亡等故事。因此，昭化古城又有"蜀道三国重镇，世外千年古城"之称。

东门外的桔柏古渡是古今文人吟咏之地，曾经"白天万人拱手，夜晚千盏明灯"，唐明皇幸蜀"遇有双鱼负舟过津，议者以为龙"的故事也发生在这里。

民风古朴，民俗多样，有城隍会、娘娘会、舞狮、牛牛灯、采莲船、踩高跷、吹唢呐、哭嫁等，还有《娘送子》《嫁歌》等200多首昭化民歌，以酬神、许愿为主的傩祭活动——提阳戏被誉为"古戏剧活化石"。

八、青堤古镇

青堤古镇位于遂宁市射洪县内的涪江边上，因青堤渡而得名。青堤渡原名"绮川渡"，南朝梁时更名为"清平渡"。唐太宗时期，因追封目连之母刘氏四娘为"青堤夫人"，从此古镇才定名为"青堤渡"，并沿用至今。清代乾隆年间，青堤与金华、太和、洋溪并列为射洪四大重要集镇。

青堤地处古道要冲，有多条石板路与盐亭、南充、蓬溪等县市相通，昔日河面风帆高扬、陆路尘土飞扬。现老街不长，石板路两旁是明清时期的青瓦屋，依山临水，一字排开。民居空间变化有序，一般是前店后宅，临街的往往兼作商铺、作坊、茶馆、酒肆等，外面镶嵌木质门板，开合方便，配上灰瓦、白墙、青石板的天井，是典型的四川民居风格。目连寺是小镇的标志性建筑，它坐落在江边山崖上，山门两旁有副清人的对联："梁武绮川，孝元清平，高祖太宗名更今日青堤渡；目连故里，天官世居，大夫司马地属古代梓州城。"内有两碑：一是清代光绪二十八年（1902）阴刻的"唐圣僧目连故里"大石碑；二是清代道光年间增修龙王庙时遗留下来的大木碑，碑文记叙了与"目连"相关的事（"郪江古镇，迹载青堤，昔唐圣僧目连故里，迄今茔墓昭然可考，数百年间，迹尤未替……"）。

除了广为流传的目连救母的故事以外，铁水火花龙活动也十分热闹。据清代光绪年间《射洪县志》记载："（正月）十五日为元宵节。是夜观灯，阖咸燃巨烛如白昼。民间以龙灯、狮子舞剧遍游街市。观者以铁末合火药贮竹筒中喷烧之，其焰冲出，现花形无数，谓之'放花'。""放花"正是青堤铁水火花龙早期的表演形态。铁水火花龙其实是两种民间演艺活动的组合，即"打铁花"和"舞火龙"。"打铁花"又称"打铁水"，在中原一带的历史可追溯到春秋战国时期，表演者将铁汁击打或泼洒，使其纷飞如花，后成为民间祭祀太上老君的一种仪式。至明清时期，发展演化中又增加了放鞭炮、烟花、耍龙灯、跳龙舞、游社火等。表演前，耍龙的先净身、拜庙点睛，然后下山游龙。前有火流星开道，牌坊灯跟进，火龙口吐火焰，有"草鞋板""油蚱蜢"作照明，后有唢呐、锣鼓等殿后。在游龙过程中，遇见药铺，都要三叩头进屋上香，然后躬身退出，以表示对医者的谢意和敬意。到一般的人家，便是龙头进屋、出屋了。表演高潮是，打铁花者用坩泥勺从坩泥锅中舀出铁水，倒在放有湿锯末并用水浸泡过的木板上，平端着盛着铁水和锯末的木板，跑出几步，先将铁水与锯末向上抛起二三十厘米，在铁水还没有洒落的瞬间，用木板对准铁水猛击，酷似棒球运动员击球时的姿态。顿时，铁花像金蛇飞舞，流光溢彩；从高处倒悬坠落，如火山喷发；火花稀落之时，又如火树银花，溅起的金色火花此起彼伏，在夜空中绽放。

图 3-46
铁水火花龙

青堤制刀技艺十分精湛。它始于清末,成名于民国,有下料、安钢、打发火、打版子、热平、冷平、整形、起口、淬火、冷作抛光等70余道工序。

青堤乡的光华村被列入了第一批中国传统村落名录。光华村山环水绕,石梯道上长着青苔,庙宇、民居、街道、石刻等古色古香,还有十余口古井,古井边生长着一棵棵黄葛树。

九、威远县

威远县位于内江市西北部,东邻内江市市中区,南连自贡市大安区和贡井区,西界自贡市荣县,北衔资中县,西北与眉山市仁寿县、乐山市井研县接壤。据史志记载:"衡山护其左,君山峙其右""后有卧仙,前有御屏,文笔左耸,刀岭右雄"。[①]

威远古为梁州之域,周代时属蜀国。隋代开皇三年(583)置威远戍,取"威名远震"之义。开皇十一年(591),改戍为县,为威远建县之始。

威远县的地貌十分特殊,有902平方千米的穹窿地貌,涵盖了1.8亿—1.3亿年前的地质历史,是中国最大的穹窿地质区,也是四川唯——处三叠纪地质出露区域。威远穹窿南陡北缓、西窄紧、东开阔,这个区域内有300余座秀美的方山台地、80余处军事古寨、50余条幽深峡谷、20余个宁静湖泊、4万余公顷森林。威远的穹窿古砦(寨)共有90余座,依山而建,采用石头修筑,周围是100—

---

① 四川省乐山市市中区编史修志办公室.嘉定府志[M].[出版地不详]:[出版者不详],1986.

图 3-47　五堡墩

200 米的悬崖峭壁，数道砦门都设在悬崖边上，与砦墙相连接，门上有垛口，被誉为"华夏第一砦群"。其中，五堡墩是威远县保存最完整的古砦之一。

被列入第四批中国传统村落名录的静宁古村位于威远县向义镇，背靠花园山，东邻桐子坡，大冲田环绕全村。以静宁寺为中心，人们聚居成村，村落形态呈盘龙状。静宁寺始建于清代，依山而筑，气势宏伟，是四川省规模最大的儒、释、道合一的寺庙。整体分为"四殿二院"：观音殿、孔子殿、三圣殿、王母殿，考仙院、儒林院。建筑既保持了中国古庙宇的

图 3-48　静宁古村

对称性的风格，又有西方园林式建筑特色。静宁古村民俗活动丰富，无花果种植采摘节就是其中之一。

十、箭板古镇

箭板古镇位于沐川县、犍为县与宜宾交界的山区，背靠高大的鱼箭山，紧临曲折蜿蜒的龙溪河，东距岷江约9千米。

古镇何时兴起，已不可详细考证，但据地方县志和遗迹表明，古镇应始于唐宋时期或更早年代，以王爷庙为中心，俗语"挑不完的商州，塞不满的箭板"从侧面反映了古镇昔日的繁华。沿龙溪河畔而建的顺河街形如蛟龙，街旁建筑以吊脚楼为主，街道以青石板铺地，千百年来已经被来往的人们磨得光滑发亮。房屋大多是穿斗结构的木板房，房与房紧密相连，普遍以木板墙为边界。吊脚楼沿河底楼立柱，以防水患，平时用来堆放杂物等；二楼与街面平行，主作店铺和生活居室；三楼灵活使用。一般充分利用地形，在河滩边垒砌石保坎，再在保坎上立石柱或木柱，建造两三层的木板房。

在箭板古镇中段王爷庙大石板滩有许多冰臼，冬季枯水时节便能清楚地看到，有圆形、椭圆形、半圆形、弯月形、葫芦形、马蹄形等，大的超过1米，小的只有鸡蛋大小。

看似平凡的箭板古镇，却隐藏着众多不解之谜：一是祖源不详，却有大片老屋、众多古树；二是古镇呈龙形，万寿宫东墙处一个"包间"的两道防火墙也是龙形；三是曾有四宫十八庙这样规模宏大的建筑群，却没有文字记载和功德碑，仅剩断壁残垣；四是禹王宫遗址正殿上有四根巨型石柱，用的是灰白色石英质细砂岩，并非箭板本地青灰色砂岩；五是禹王宫东、西墙上各有一幅巨型壁画，夹壁被雨水冲倒后才被人发现，画的内容也有许多让人迷惑的地方；六是在一户普通民居大门上有一对户对，乐山范围内其他地方仅雷畅故居大门上有一对户对；七是万寿宫的青砖上有"万寿宫"三个字，"包间"房屋门楣上有"璇玑"二字，且并非"馆阁体"，而是"江湖体"。除此之外，当地还流传着张献忠藏宝的故事。[①]

[①] 郭剑英.乐山古镇旅游发展研究[M].北京：中国旅游出版社，2016.

图 3-49　箭板古镇

图 3-50　箭板古镇的民居

十一、劳动镇

劳动镇原名复兴镇，该镇的旧居村是陈毅故里。1959年10月，陈毅回到阔别多年的家乡四川省乐至县。当时，正好公社里的一座石桥建成。为感谢陈毅对家乡的关怀，有人建议把这座桥取名为"将军桥""元帅桥"。陈毅坚决不同意。他说："我陈毅算老几嘛，从前不也是个拣狗粪、放牛的娃子！真正值得歌颂的是劳动人民。是劳动的双手创造了世界，我们还要用艰苦的劳动去建设共产主义哩！我也来取个名吧，叫'劳动桥'好不好？"乡亲们被陈毅的一番话感动，一致表示赞同。劳动镇因此而得名，旧居村是因陈毅故居坐落其中而得名。

旧居村在明代万历年间称为薛苞古镇，因是汉代孝子薛苞故里而得名；清代咸丰三年（1853）建场，名为复兴场，村落逐渐得以恢复；1958年改为人民公社，1959年冠以"劳动"二字，村落逐步向西南扩展。

陈毅故居始建于清代乾隆初年，由陈毅先祖买下扩建。它是木质穿榫结构的三重堂四合院，坐西向东，于1981年修复并对外开放。大门中央有邓小平亲笔书题"陈毅故居"匾额，两边是赵朴初撰写的对联"直声满天下，殊勋炳世间"，故居内以实物展出了陈毅少年时期生活、学习等情况，还有朱德、董必武的题词和全国著名画家、书法家的珍贵作品。

陈毅故居与陈毅生平事迹陈列馆、陈毅纪念馆、陈氏宗祠、陈毅诗艺苑、御风台、七塘映月等一起构成了陈毅故里景区，它是集自然风光、园林、纪念馆为一体的风景名胜区。

图 3-51　陈毅故居

旧居村传统节日有赶庙会、清明会、土地会、中秋节、春节等，至今仍保留着"三茶六礼"的婚嫁习俗、耍龙舞狮的节庆习俗，传扬着吹糖人、剪窗花、编竹席、酿米酒等传统技艺，传承着传统韵调、婉约低沉的哭歌艺术。

十二、五里村

五里村位于江安县夕佳山镇东南约 3 千米处，东面为天会村，南面紧邻底蓬镇底蓬村，西面是横石村，北面则紧靠坡上村和安远村。

图 3-52　五里村

良田阡陌，溪流纵横，前有山峰耸立，后有幽谷深藏，绵溪河环绕相伴。

历史上有一条红桥至江安县城的官商兼走的便道从村中心穿过，家住凤凰咀组"腰店子"的陈伯举在这条路边竖立了一块石碑，因石碑距离底蓬、黄石滩和安远寨均为五里，故命名为五里碑。

村内多丘陵缓坡，整体地形较平缓，总体呈"大平小不平"的特点。林木茂盛，田畴平整，低洼处自然成水塘。村落建筑散见于丘陵低山山麓沿线，背山面水、背山面田。村西有绵溪河自南向北流过，向北注入长江。村内传统建筑延续历史工艺,主体采用木结构和斗拱镶嵌技术,布局多为传统四合院型,并根据当地多雨和地势较低的特点,院落一般有2—3米的石制基础,内部还有排水系统。有些老房子的外墙和院墙上仍保留着过去的标语和口号,成为特殊历史时期的忠实记录者。

现存古建筑有熊家大院、杨家大院、兰花苑、万寿泉。其中杨家大院占地面积最大,保存最完整,为五里村乡绅杨氏建的家族院落。平面为组合四合院,大门、正厅、后厅依次位于中轴线上,中轴线左右错落有致地建有房屋。厢房和正房跨度都超过8米,厢房内部

图 3-53　杨家大院

还被分为多间,并设有通廊。建筑布局严谨,开合有序,互为呼应,保留了清代以来的民间宅院风格。屋顶为悬山顶,青瓦覆盖,屋顶边缘均为白色瓦当收沿。整体建筑为穿斗木质结构,木板为主墙板,穿斗、梁柱都是朱红色,墙面为白色。大院正门有楹联"有山水有雅居映带左右,可书画可丝竹怀抱古今",体现了浓郁的耕读文化。万寿泉在杨家大院房前水田边,相传杨家开凿此井本是为了引水稳财,但因遇大水之年不溢出、大旱之年不干枯,再加上水质甘甜,故得名。

十三、老观镇

老观镇位于阆中市东北部,距市城区约45千米,东通巴中,南至阆中,西向苍溪,北上旺苍、广元。

老观镇历史悠久,原为古奉国县城的遗址。南朝梁武帝天监八年(509)在此置白马义阳郡。西魏恭帝二年(555)改为白马郡,并置奉国县,以此地始附于魏,故以奉国为名。元世祖至元二十年(1283)省奉国县,奉国县从此撤废,不再恢复。奉国县自建县至撤废,历经729年(555—1283年)。后更县为奉谷乡,清代为重锦乡,1949年左右为老观乡。1985年,老观乡撤乡建制为老观镇。老观自撤县至今,又有700多年的历史。

现老观镇面积3平方千米,其中古镇面积1.5平方千米。老观镇1995年被确定为四川省试点小城镇,2004年被列为四川省重点小场镇,2005年被列入第二批中国历史文化名镇,2012年获得"四川省最具保护价值古城镇"称号,2013年被列入四川省首批百镇建

图 3-54
老观镇

设试点行动镇,2014 年被评为"中国民间文化艺术之乡",2015 年被列入全国首批国家建制镇示范试点镇。

老观镇依山邻路,交通方便,商贾云集,市场繁荣,历来为军、商要地。至今仍有错落有致的明清古民居,独具匠心的庙宇,雄伟壮观的魁阁、牌坊,独具特色的古街,彪炳史册的红色文化等。

老观镇是川北灯戏的发祥地,称"灯戏窝子",有"中国灯戏在川北,川北灯戏在老观"之美誉。《阆中县志》记载:"阆中的老观、峰占与苍溪县龙山、金凤、白庙等地为灯戏窝子,是川北灯戏的发源地。"川北嘉陵公子《竹枝词》中的"一堂歌舞一堂星,灯有戏文戏有灯。庭前庭后灯弦调,满座捧腹妙横生"就是灯戏的真实写照。经典剧目有《竹篮计》《双拜堂》《裁衣》《请长年》《裁缝偷布》《算命》《蠢拜寿》《张飞审瓜》等。2009 年,老观灯戏被列入四川省非物质文化遗产名录。

老观镇民歌小调、红色歌曲也十分丰富,有"民歌之乡"的美誉。

十四、石桥镇

石桥镇位于达州市达川区西部,与渠县、营山、平昌三县接壤,素有"达州西大门"之称。石桥镇原名"石桥河",因场镇内有数条小溪,架有数座石拱桥连接东西街道,故得名。石桥春秋属巴国,秦汉归益州,汉代建场,隋唐置太平、杨柳二县,宋元兴盛,明末毁于战乱,"湖广填四川"时复建。

被列入中国传统村落名录的鲁家坪村是石桥镇的中心村落,距达川主城区65千米,因鲁姓大族聚居而得名。村中传统街巷格局保存完好,建筑为川东民居风格,以三合院、四合院为主,依山就势,既不破坏山林、水体,又不占用耕地,节约建筑成本。其中,四合院多设有朝门,穿斗式屋架,人字形瓦顶,小青瓦屋面,平房带阁楼,大飘檐,大多用石灰座檐扎脊。

鲁家坪村以列宁街为核心,列宁街现存大量完好的明清建筑和红军遗址,住宅、作坊、商铺沿街一字排列,寺庙、会馆遗迹分散于其中。建筑一般为1—2层,木架构空枋斗榫,青瓦坡顶,小出檐,木板门面;正面有吊脚小楼,木质柜台;外封闭,内开敞,深巷子,小天井,前店后居。街道为青石板路面,由东向西一字排开4座仿木结构的石牌坊,青石为料,上有五龙捧旨(镂空雕),下有花卉人物、戏文故事等,4坊一色3层斗拱,飞檐展翅,雕饰精美,古朴隽秀。第一座石牌坊位于列宁街东口内约30米处,是同治年间由奉政大夫马春芳之妻许氏所建;第二座牌坊是嘉庆年间马洲之妻郭氏所建;第三座牌坊是同治年间徐文点之妻李氏所建;第四座牌坊是光绪年间徐定国之妻汪氏所建。其中第二座牌坊横额正中雕刻着"列宁主义街"5个字,"列宁"二字为横书,每字约1平方米,

图 3-55
鲁家坪村列宁街的牌坊

"主义街"三字略小,为竖书。整条街上刻有"打倒帝国主义""扩大红军,拥护红军""平分土地"等标语30余条,被誉为"中国红色第一街"。

自古以来,鲁家坪村就有耍火龙闹新春的习俗,素有"火龙之乡"的美誉。每年元宵节前,连续几夜,青壮男子各举一节用麻布、竹篾做成的火龙,伴随着锣鼓声沿街起舞,街民用硝磺、火药、柴炭、铁屑等原料制成的烟花,尽情地对着火龙燃放,使火花四溅。翻山铰子是一种挥舞和击打铰子(铜质小镲)的舞蹈,表演者双手持长绳系钹,上下左右翻打,响声、动作一致,已传承了5代人。除此之外,小丑剧、打花鼓、抬花轿等广为流传。

十五、蟹螺堡子

蟹螺堡子位于雅安市石棉县蟹螺藏族乡江坝村,松林河河谷南侧的一条小沟——江坝沟附近。村名来源有多种说法,传说之一是很早

图 3-56　蟹螺堡子

以前，堡子所在的地方有一个海子，盛产螃蟹和海螺，后来海子漏干，只留下蟹螺之名。

蟹螺堡子的居民属尔苏藏族，又称尔苏人，是藏族中人数很少的一个支系。他们世世代代居住在这里，历史已经难以追溯。现藏寨蟹螺堡子建于清代末年，是清代松林地土司所辖的四十八堡之一。

堡子三面环山，地势南高北低，西面是坡地，东面是平坝，分为坡上的老堡子和坡下溪沟东侧坝地的新居民区。房屋多为木石结构，有两层或三层。平面布局多呈长方形，少

图 3-57
蟹螺堡子的碉楼

数为曲尺形。墙体用石片或石块砌成，中间夹着长条木板。墙体承重，承接大梁和横梁，铺上板子，就形成了楼层。①

在一个临近悬崖的陡坡，矗立着一座 10 多米高的碉楼，比周围的其他碉楼高了一倍，它是蟹螺堡子的标志性建筑，共 4 层，特别之处在于其墙体以天然片石垒砌，厚度超过 1 米，黏土上还有不少垒墙者的手印。除了朝院内的一面墙以外，其余 3 面都没有窗户。朝院内的那一面墙上，房门开在二楼，进出碉楼需要搭木梯。

其他的一般民居碉楼分为上、下两部分：上部分为堂屋、卧室、厨房，堂屋内设火塘、锅庄，作为客厅，楼下是畜圈或库房。楼顶多以泥土覆盖，并供有白色石头。尔苏藏族崇拜白石，认为石头是灵物，"尔苏"在尔苏语中指的就是白人或崇尚白色的人。②

---

① 李星星. 蟹螺藏族：民族学田野调查及研究 [M]. 北京：民族出版社，2007.
② 黄伟. 蟹螺堡子：高山上神秘的尔苏之歌 [EB/OL]. (2013-11-30) [2019-05-10]. http://www.yaan.gov.cn/xinwen/show/dbc71937-3a21-4631-914c-38f854e702ee.html.

"还（环）山鸡节"是蟹螺堡子的重要节日，也叫"古扎子""烧赙纸""放山鸡"，为尔苏藏族的年节。节日时间是农历八月中旬，一般为3天。第一天的主要活动有清扫房屋、准备各种祭祀物品、家人团聚、走亲访友；第二天先是以家庭为单位，各自蒸糯米，然后集体到河边刷洗簸箕、舂糍粑、杀白公鸡敬觉神；第三天的活动有上山祭祀山川和祖灵、歌舞娱乐、耍坛驱秽等。[1]

尔苏人能歌善舞，其歌曲分为婚嫁歌、丧歌、劳动歌等类型，节奏自由，即兴性强，装饰音丰富，词曲可以分离；舞蹈动作有叉腰、跺脚、甩臂、屈膝等，主要形式是跳锅庄，常常先出右脚，手脚同向。[2]其中，《萨里安多曼》是尔苏藏族地区广为流传的一首民歌，它没有固定的曲调，代代口耳相传。

十六、萝卜寨村

萝卜寨村位于阿坝藏族羌族自治州汶川县雁门乡，岷江南岸海拔2000多米的高半山台地上，是迄今为止发现的世界上最大、最古老的黄泥羌寨，被称为"云朵上的街市""古羌王的遗都"。

早在3000—4000年前，萝卜寨地区就有人类生存。萝卜寨最初名为凤凰寨，后来改为富顺寨、老虎寨，最后改为沿用至今的萝卜寨。

萝卜寨地处凤山和凰山之间，中心寨区的建筑错落有致，屋面

---

[1] 徐海凤.民族传统节日课程资源开发研究：以蟹螺堡子尔苏藏族还山鸡节为例[D].成都：四川师范大学，2014.
[2] 杨楚.石棉县蟹螺堡子尔苏藏族音乐调查报告[J].商，2014（25）：100-101.

图 3-58　萝卜寨村

几乎连成一片，上一家屋顶即可通到数十家甚至百家。民房均为高土房，一般为 2—3 层。寨中巷道阡陌纵横，宛如微缩的城镇。

2008 年 5 月 12 日，汶川发生了大地震，萝卜寨距离震中仅 5 千米，因此遭到严重损坏，村貌基本被毁。后又重新建立了新寨子，并用传统工艺恢复了黄泥老寨，旧貌换新颜，建成了旅游景区。整个景区由萝卜寨村、小寨村、索桥村、较场坝和雁门关口组成，依然古朴、美丽。

汶川是全国的羌绣之乡，萝卜寨村是汶川的羌绣之村。羌绣画面生动形象、色彩艳丽、题材广泛，刺绣作品是羌族人民劳动与智慧的结晶。过去，羌族男女都身穿麻布长衫、羊皮坎肩，包头帕，束腰带，裹绑腿。女装衫长及踝，领镶梅花形银饰，襟边、袖口、领边等处绣着花边，腰束绣花围裙与飘带，腰带上也有图案。男性大多着青色或白色头帕，女性包绣花头帕，脚穿有图案、鞋尖微翘的"云云鞋"。[1]

萝卜寨内有东岳庙遗址、东西汉石棺墓葬群遗址、龙王庙、祭坛等人文景观，还有羌族羊皮褂制作工艺、羌族麻布衣制作工艺、羌族羊皮鼓舞、羌笛的演奏及制作技艺等。

十七、莫洛村

莫洛村位于甘孜藏族自治州丹巴县梭坡乡，位于县城东南方向约 7 千米处，北邻中路乡，西界水子乡，南靠格宗镇。

在藏语中，"莫洛"就是指建在环形地带上的村寨。莫洛村所在地历史上属于康巴文化圈、明正土司属地鲁密章谷十七土百户辖地——俗称为"二十四村"的范围。居民以藏族为主，使用属于康方言的地方土话，俗称"二十四村地脚话"，另有少量汉族杂居。[2]

该村三面环山，西临大渡河，地势由东北向南倾斜，海拔为 1900—2000 米。村中建筑主要有传统民居与碉楼，依山势而建。传统民居大多是四层，也有两三层的，一般一层养牲畜，二、三层住人，顶层祭祀。楼梯多是圆木梯，二楼中间放着锅庄，屋顶四方有

---

[1] 于文胜.特色的乡村[M].乌鲁木齐：新疆美术摄影出版社，2013.
[2] 徐君.转型中的康区藏族村寨：丹巴县梭坡乡莫洛村考察报告[J].西北民族研究，2004（1）：99-107.

图 3-59 莫洛村的碉楼

三角形塔。墙体较厚，由块石、条石、片石、碎石垒砌而成，所用大石块为没有经过精细打磨的原石，碎小的石块、片石是用来填补缝隙的，建筑转角处放着"过江石"。① 碉楼分为家碉与寨碉两种，家碉一般不高，寨碉形式多样。现在仅剩下 6 座碉楼，包括不足两丈高的残碉，其中四角碉楼 4 座，五角碉楼和八角碉楼各 1 座。其中 4 座位于上莫洛中部，另外 2 座分别位于村落上部边缘和村落东部山溪以南。②

莫洛村保留着许多传统技艺、习俗，比如成人仪式、顶毪衫等。在这里，女孩一般到 17 岁左右，就要举办成人仪式，仪式之后才算长大成人。顶毪衫是青年男女求爱和表达爱意的一种方式，传统毪衫为羊毛编织而成。

---

① 温玉雯.丹巴县莫洛村传统村落空间形态特征及其保护研究[D].成都：成都理工大学，2018.
② 魏郁珉.中国最美的 100 个乡村[M].北京：北京工业大学出版社，2015.

十八、依果觉乡

依果觉乡位于凉山彝族自治州美姑县北部，东邻阿尼木村，南靠洒库、塔古、炳途乡，西与苏洛乡连接，北与瓦侯区和峨边彝族自治县勒乌乡、甘洛县格古乡接壤。乡内四季吉村和古拖村被列入第二批中国传统村落名录，人称"彝族古老生产方式和传统民居最后的保留地"。

四季吉村位于依果觉乡东部，距乡政府12千米，四周分别与美姑大风顶国家级自然保护区、瓦西乡木作洛村、依果觉乡阿尼木村、依果觉乡瓦尼窝村相邻。该村历史不甚悠久，于民国时期由彝族群众自然聚居而成。民居依山就势，在云雾起伏的高山草甸间，村民住的是低矮潮湿的瓦板房[1]，菜园、篱笆、水磨房等建筑错落有致。大部分民居采用传统夯土墙，墙厚约40厘米，屋顶的荷载通过拱形屋架传至木柱、地基，屋檐下挂着苞谷、辣椒等农作物。建筑局部有色彩适当装饰，其余墙板、拱架等保留原色，体现出亲近自然、简约质朴的美。

古拖村位于依果觉乡东北部，四周分别与依果觉乡瓦尼窝村、依德阿莫村、依果觉村、处洪觉村相邻，背靠美姑大风顶国家级自然保护区。村内瓦板房依山而建于邻近山顶但相对平缓的区域，道路随山势起伏而变化，形成不规则的网状道路系统，整个村落掩映在绿荫中。[2]村民注重装饰大门和屋檐，大门上有各种拱形图案，屋檐的挑

---

[1] 侯丽芳,曹衍美.保护古村落,让它活起来、活下去[N].凉山城市新报,2016-06-17(A04).
[2] 戴旭斌,彭予洋,周波,等.彝族瓦板房聚落景观意象解析及保护发展探讨：以中国传统村落四川美姑县古拖村为例[J].四川文物,2015(2):91-96.

拱、垂花柱和屋内的梁枋、拱架等刻着牛羊的头、鸟兽、花草等。[①]

十九、肖溪镇

肖溪镇位于广安市广安区东北部，华蓥山以西，大巴山以南的川东丘陵地带。

据《广安州新志》记载，肖溪古称"龙凤州"。齐、梁、北周、隋、唐、宋时，均以此地为地方治所。"湖广填四川"时，有肖姓移民在此开荒建房落户，后来形成了场镇码头，故有"肖家溪"之说。清代时，人们便以肖溪为镇名。[②]曾因战火被毁，林功亭、杨乾山等人在民国时期率先在废墟上重建街房，经过20多年的发展，逐渐形成规模。

肖溪依傍渠江，旧时为广安地区重要的转运站。现在的肖溪镇保留了古镇、古街、古桥、古树、古匾、古墓、古石刻、古寺庙、古城寨、古战场等遗迹，再加上渠江，形成了"十古一江"的美景。

古镇呈南北走向，两头狭窄，中间宽阔，像停泊在渠江边的一艘大船，乃受码头文化影响所致，属罕见的旱船式建筑奇观。老街为青石板路面，古色古香，凹凸不平，随地形自然曲折。街房为穿斗木梁架结构，小青瓦屋面，单檐悬山式屋顶，分一楼一底和平房两种。左右阶沿形成风格独特的宽敞长廊，集市贸易都在檐廊下进行，晴天不被太阳晒，雨天不被大雨淋，有"落雨赶肖溪，买卖不

---

① 陆铭宁，施遐. 乡村旅游新探：以凉山州为样本的实证研究[M]. 成都：四川大学出版社，2014.
② 赵娟. 控制与引导：肖溪古镇空间形态特色及其保护研究[D]. 重庆：重庆大学，2004.

图 3-60　肖溪镇

湿衣；热天赶肖溪，清凉如家里"的说法。

被列入第四批中国传统村落名录的肖家溪社区就围绕着肖溪老街布局，与国家级文物保护单位冲相寺连成一体。

二十、恩阳古镇

恩阳古镇位于巴中市恩阳区，东靠巴州区，南邻仪陇县，西连苍溪县、阆中市，北接南江县。

图 3-61　恩阳古镇

在新石器时代，就有人类在恩阳活动。南朝梁武帝普通六年（525）始在此地置义阳郡，同置义阳县，郡县同治。隋代开皇十八年（598），改义阳县为恩阳县，隶属于清化郡（今巴州）。1933—1935 年，红四方面军在恩阳建立县苏维埃政府，先后设仪阆县、恩阳县。2013 年 1 月，经国务院批准，设立巴中市恩阳区。

恩阳镇于 1992 年被四川省政府确定为历史文化名镇，1994 年被列为四川省首批小城镇建设试点镇，2000 年被中央文明委授予全国首批 500 家"精神文明创建活动"先进镇，2002 年被确定为"四川省十大古镇"之一，2004 年被确定为全国重点镇，2005 年被评为全国文明集镇，2008 年被评为中国历史文化名镇。

恩阳原是米仓古道上的重要节点，是上连汉中和长安、下接重庆和成都的重要水陆码头，曾有"小上海"之称，是唐代诗人韦应物笔下的"巴子城"。青山环绕，山川秀美，交通便捷，商贸繁荣，有"早迟恩阳河"之说。至今保存着规模较大、成片保存较完好的明清古建筑群，38 条古朴的大街小巷。高高低低的石阶、整齐划一的青石板路面、延伸出墙面的骑门柜台、低矮的房檐和长长的绣楼，静静地呈现着古镇遗风。其中老场街是恩阳古镇的明清民居一条街，有居民约 50 家，房屋以两层居多，多为二进式或三进式小四合院，门面多为可拆卸的木板门。大户人家有一进两个小四合院，前院天井、鱼缸，后院花园、假山。民居建筑的窗棂皆为方窗，现存窗雕多为蝙蝠，寓意对生意兴隆和生活幸福的追求。古镇内邻河的油坊街、姜市街一带的吊脚楼兴建于唐代，盛于明清，木质结构，飞檐翘角，雕梁画栋，少则一层，多则四层，层与层之间有凉梯相连。除了民居之外，还有万寿宫、禹王宫、王爷庙等古建筑。

古镇的上正街和下正街是红军文化遗址最多的街，在长约 400 米的街道上，有原中共川陕省仪阆县委、恩阳县委、恩阳财政委员会、革命法庭、红军经理处等各类行政机关遗址 13 处，"红军胜利万岁""粉碎川陕会剿""为土地归农民而战争"等标语随处可见。

恩阳自形成场镇以来，月月有盛会，如正月龙灯会，二月文昌会，三月清明会，四月佛祖会。其中正月十六登高节历史悠久，十分热闹。它源于巴人正月十六游山走百病的习俗，《帝京岁时纪胜》载："元夕妇女群游，祈免灾咎。前一人持香辟人，曰走百病。"据

图 3-62　万寿宫

传，唐代永隆元年（680）八月，武则天贬章怀太子李贤为庶人到偏远的巴中，从此年年正月十六，李贤都要登临南龛山、望王山北望长安，祈求回到亲人身边。久之成俗，历代不衰。正月十六登高的风俗有游山拜庙、礼佛、摸福寿、打儿洞求子、采小柏桠别在身上或头上去病驱邪等。此外，榨油业有华光会，打铁业有老君会，百货业有皮头会等。

二十一、复兴村

复兴村位于眉山市洪雅县瓦屋山镇，地处瓦屋山脚下，是一个汉羌杂居的村，村落紧邻通往瓦屋山国家森林公园的主干道，雅女湖环线途经村落。

前223年，秦灭楚之后，强行将楚王族人迁徙至瓦屋山区，置严道县（严道故城即今复兴村大田坝）管理。楚人为了纪念家乡，将居住地命名为"复兴"，将这里的河流称为王河。据《太平御览》记载："秦灭楚，徙严王之族以实此地，故曰严道。"清代嘉庆年间的《洪雅县志》记载："秦灭巴、蜀，置巴郡、蜀郡……今洪雅之地分别为严道、南安县所辖。"楚人与当地羌族人共同

图 3-63　复兴村

生活，繁衍生息。楚韵与羌风在此融合发展，至今已有2000多年的历史了。如今在复兴村大田坝、半边街、亮火房、城墙、田坎等古迹仍清晰可见。

村落群山环抱，周围自然生态良好。建筑以清代、民国川西一楼一地穿斗木结构居多，形成并列的、三合院的、连排的、连片的建筑群，部分吊脚楼依山而建。因青衣羌人生活在青衣江流域，曾以捕鱼为生，为了表达对鱼的感恩和敬仰之情，人们常常在屋脊上悬挂木制鱼状装饰物。不少人家中还贴着"忠厚传家""承前启后"等祖训。

楚人带来了采矿、冶炼等技术，用铜块打造了几件响器，根据山水、动物之音和记忆中的楚曲编写乐谱，敲打、说唱心中亡国离家的忧伤，引起了羌族人的共鸣。在劳作之余，他们自编、自演、对唱山歌，逐渐形成了"民间交响乐"——复兴耍锣鼓，有《白鱼子上滩》《猪哒嘴》等50多首乐曲。

第四章

巴蜀传统村落的保护和活化

中国传统村落文化抢救与研究
文化区系列

乡村旅游以乡村的自然环境、田园风光、农林生产经营活动和文化风俗作为旅游资源，以回归自然、体验乡村生活为目的的合理旅游开发具有环境友好性。因此，旅游活化是促进传统村落可持续发展可行、有效的途径之一。

但通过开展旅游活动带动村落发展，不是简单的旅游开发、形式上的"修旧如旧"，也不是一成不变、原封不动或被动地保留各类文化要素，而是要促进村落传统文化和生产、生活方式在现代生活中的延续，并以此作为村落发展的动力，实现传统与现代的有机融合，实现有效的、积极的、可持续的旅游活化。首先，随着现代化进程的推进，乡村人口外迁，传统村落不再具备原有生产功能，单纯的村落保护已经不再能有效帮助传统村落的发展，村庄脆弱的环境也不适合高强度开发，需要恢复传统村落的生产功能，建立新的生产关系。其次，我国旅游度假市场对乡村旅游的需求不断增加，城市居民对乡村田园生活方式有着持续向往，这是传统村落建立新的生产关系的契机。最后，国家宏观政策是传统村落旅游活化的强大推力。我国不断推出"美丽乡村""乡村振兴"等目标和战略，有利于乡村旅游产品供给保质保量地提高，以及乡村旅游环境的改善。

针对有形文化遗产，传统村落旅游活化是从静态保护到更新再利用的过程；针对无形文化遗产或重要历史事件，旅游活化是有形化、可视化、重现或重演的过程。传统村落旅游活化可以分4步：1. 存续传统村落肌理，保护村落传统的物质、社会和行为传统；2. 激活村落传统特质活力，保留乡村的乡土性，如传统村落形态、景观实体和民俗风情等；3. 构建持续自治机制，协调传统乡土性与现代城市性的矛盾，因地制宜构建乡土化的发展机制；4. 制定精致利用方式，降低旅游开发对传统村落环境的污染与破坏，以及对传统乡村生产生活方式的冲击，遵循可持续发展原则。

现在，传统村落旅游活化有多种具体的方式，包括保护故居遗址、建立生态博物馆、开展农家乐和采摘园等。但在旅游活化过程中暴露了许多问题，如各地相关管理人员专业素养参差不齐，制约文物古迹复建工作的顺利进行；村民对村落传统文化认知有限，不会主动保护、修缮；部分规划将村民排除在保护与活化主体之外；过分重视旅游开发的经济效益，使村落传统文化流失；乡村旅游产品质量较差、同质化严重；等等。这些问题出现的原因可以归纳为三个方面：一是对村落文化认知不足，二是对村落传统物质景观的独特性认知不足，三是对乡村旅游的理解不够。

对此，可将文化复苏、景观复建和产业复活作为传统村落旅游活化的指导理念，关注地方文化和物质景观的乡土性、独特性，以及新型旅游业态，让文化复苏、景观复建和产业复活相辅相成，共同促进传统村落旅游活化的开展。

第一节
文化复苏：乡愁的三大境界

通过物质建设、文化活动等多种形式实现传统村落文化复苏，是旅游活化的重要环节。文化复苏有助于地方文化教育功能的延续，如祠堂文化蕴含的忠、义、礼、智、信，红色革命文化包含的爱国主义精神，将与社会主义核心价值观相结合，创建传统村落的乡风文明，激发传统村落的生命力。

许多传统村落中宗族网络紧密，扎根乡土，凝聚着乡愁情结，受到国家宏观环境和民族信念的深刻影响。因此，实现村落文化复苏需要借助乡愁的三大境界：血浓于水的家族情感、植于乡土的家园情结和深入人心的家国情怀。

一、血浓于水的家族情感

为了更好地应对自然挑战，我国有聚族而居的传统，从而形成了诸多传统村落，甚至有些村落为"一姓之村"。正如费孝通所说，中国乡村的核心就是血缘和地缘，"血缘是稳定的力量，在稳定的社会中，地缘不过是血缘的投影，不分离的。'生于斯，死于斯'把人和地的因缘固定了……地域上的靠近可以说是血缘上亲疏的一种反映，区位是社会化了的空间。我们在方向上分出尊卑：左尊于右，南尊于北，这是血缘的坐标。空间本身是浑然的，但是我们却用了血缘的坐标把空间划分了方向和位置"。

宗族村落中的一切事务围绕宗族亲缘展开，进而形成以宗族祠堂为核心、以族长为代表的宗族制度。一方面，宗族宗祠发挥着祭祖、议事、教育等方面的功能，维护着家族和村落的团结安定；另一方面，宗族祠堂是宗族文化的物质载体，其建筑和内部园林、匾联、碑刻等受地方环境、地方文化和宗族文化的深刻影响，具有深厚的文化内涵，有较高的历史文化价值和艺术价值，是重要的民俗文化旅游资源。因此，可以宗祠为载体，开展寻根、祭祖和庙会等民俗活动，唤醒人们的乡愁之情。

四川省宜宾市李庄镇张家祠最初是富家宅院，清代道光年间被张氏一族买下作为本族祠堂，抗日战争时期曾经保存过从故宫博物院转运来的珍贵文物。祠堂坐南向北，背山面水，原为两进四合院形式，由祠门、正殿、厢房组成，沿中轴线依次是祠门、院落和主祠，东西两侧为厢房。祠门、院落和主祠的台基高度不同，正祠的主祠位于最高位置，祖堂因此具有居高临下的威严感，凸显了其传统礼制建筑的特征。祠堂的用材讲究，厅房50扇窗户上均用上等楠木雕刻了2只仙鹤，形态各异，栩栩如生，四周配以飞彩流云，被称为"百鹤祥云"窗。著名古建筑专家梁思成曾经将张家祠百鹤窗、文昌宫、奎星阁、禹王庙九龙碑并称为"李庄四绝"。旅游活化后的张家祠成为当地重要的旅游资源，除了用作举办民俗表演活动（如草龙舞）的场地，还被开辟成中国李庄抗战文化陈列馆。青石板铺地的院落四周种着各类花木，比较宽敞，在此表演可以提高村民的参与性，传承地方民俗文化，中国李庄抗战文化陈列馆则提升了张家祠的知名度。原有的宗族空间成为地方文化活动的场所，是刺激文化复苏的有力手段之一。

　　四川客家人具有强烈的宗族观念，耕读传家文化源远流长，客家祠堂是客家宗族观念和耕读传家文化的标志，主要体现在客家祠堂往往与宗族办学相联系。

　　四川客家人始终忠于自身文化，重视对家乡环境的重建，以解思乡之愁。在这种宗族文化的影响下，四川客家人至今仍然采用三堂式或二堂式①的建筑形制，祖堂是客家祠堂祖屋的核心，专用于

---

① 三堂式，即祠堂的主体建筑由上、中、下三堂构成，大门处为下堂，向内经过第一个天井后进入中堂，再过一个天井后进入祖堂。二堂式则缺少一个天井，其空间布局与四合院相似，但庭院（天井）空间较小。

供奉祖先牌位，位于建筑整体空间之中，居高临下。

耕读是中国传统农业社会的文化产物，科举是古人实现阶级跃升的主要渠道。耕读传家即通过事稼穑，丰五谷，养家糊口，以立性命，进而督课子孙，勤奋苦读，提高文化修养，获取功名，步入仕途。祠堂作为物质载体，承载了宗族文化，祠堂办学是在族群互动中以宗族血缘观念为纽带，竞争教育资源和社会资本的有力方式。位于成都市成华区龙潭乡威灵村的范家祠是客家宗族办学的典型，范氏效仿范仲淹办学的理念，聘请族内品学兼优者为教师，坚持耕读传家，注重宗族教育。进入近代社会后，积极转型为现代学校，培养族内子弟成才，后逐渐招收外姓学子，影响力不断扩大。[1]

随着现代化进程的加快，四川尽管有客家祠堂无人修缮，甚至已经毁坏，但也有不少客家祠堂进入了各级文物保护单位名录，得到了良好的保护，科学地进行了维修和旅游开发。除了宗族纽带的功能，客家祠堂还被赋予了新时代的社会文化教育功能。如在"寻根热""古镇热"的旅游动机促进下，有些祠堂被打造成宗祠文化景观，人们在此举办祭祖、联谊等宗族活动，还有些祠堂成为爱国主义教育基地。可见，血浓于水的家族情感在今日仍然发挥着作用，客家祠堂成为加强家族亲情的重要节点，甚至带动了传统村落的文化复苏，也展现了客家人的家国情怀。

---

[1] 严奇岩.四川客家"崇文重教"的历史重构[M].成都：巴蜀书社，2009.

图 4-1
范家祠

二、植于乡土的家园情结

植于乡土的家园情结，不仅是对家乡物质空间的思念与眷恋，还是对乡村生产、生活氛围的怀念与向往，村落空间是家园情结形成的物质基础。第一，村落边界将村落与其他地域分隔。在古代，村落边界常以自然景观为标识，如河流、山脊、山谷和森林等。人们通常会对家乡形成不可磨灭的依赖感，且只有身处在边界之中，才能体会到家乡带来的归属感。因此，村落边界对家园情结有重要影响。第二，村落公共空间（戏台、学堂、祠堂、寺庙、位于路口的空地等）是村民日常生产、生活、休闲娱乐的物质空间，满足着人们日常交往的精神需求；但随着现代化进程的推进，村民的生产、生活方式改变，村民的社会交往方式和公共空间交流也发生了变化，一定程度上切断了村民与村民、村民与村落之间的联系。因此，公共空间是家园情结的重要体现，对家园情结的形成与唤醒有重要影响。

郫都区位于四川省成都市西北部，郫都区的乡村形成了自内而外依次为庭院（房屋围合而成）、房舍、菜地、林木、田地的乡村空间形态，并有河流经过，即"林盘"，具有明显的地域特征。[①] 林盘是农耕文明的结晶，人与自然在其中和谐共存，具有深厚的历史文化价值和生态价值，是川西田园景观的组成部分。

随着现代化进程的推进，乡村人口外流，传统的乡村生活和乡土文化受到外界文化的干扰，郫都区的乡村公共空间趋于衰败和荒废。要保护与更新乡村公共空间，应当更加关注村民的实际需求，从村民的角度来考虑保护与更新方式、内容等，保留村民对家园的认同感和归属感；需要明确乡村公共空间更新的自组织原则，让公共空间的使用者——村民也成为建设者，根据实际需求参与乡村空间营建；坚持乡土性和生态性的原则，尊重乡村的实际环境条件，公共空间的选址布局、建筑设计均应适应当地气候和地形等自然条件，还应挖掘地方文化，展示乡土民情，传承乡土性的文化要素；坚持有机性原则，传承乡村的人文历史，唤醒乡村公共空间的场所精神和村民共同的集体记忆。

可以借助本地材料、传统建筑色彩和装饰、传统建筑形制和空间组织方式，减少对现代新材料和设计手法的应用，保留和还原传统空间形态，打造具有乡土特色的公共空间；建立公共空间之间的联系，如通过增加景观小道、休憩设施，增强空间可达性和层次感，提供公共交往和休闲娱乐的场所，强化村民的社会联系和情感共鸣；打造乡村公共空间文化墙，让街巷成为乡村特色文化和社会价值传递的场所，展现村落人文意义；保留和修复古井、洗衣台等旧的生

[①] 方志戎.川西林盘文化要义[D].重庆：重庆大学，2012.

活公共空间，使其成为再现乡村生活场景、展示乡土文化的场所，激发人们的乡土记忆；改变乡村公共空间的单一功能，如除了对土地庙等仪式性公共空间进行实体保护以外，还应适当添加文化展示空间，保留举办节事活动的空间。①

和平村位于重庆市大足区，入选了第二批国家森林乡村名单，保留了较完好的山水田园风光。和平村虽以农业为主要生产方式，但也受到了现代城市化和乡村旅游发展的影响，旅游开发活动和游客挤占了村民活动交往的公共空间，乡村风貌严重受损，村民归属感和依赖感消失。对此，可以采用艺术与乡土融合的办法，修复村落公共空间，支持乡土活动的恢复与提升，重构乡村文化底蕴，加强村民的集体记忆；也可以于人流密集或道路交会处建设公共空间，如村落入口、街巷空间、活动院坝和三岔口休闲区等。在修复与建造公共空间时，应使用地方材料和传统技术，重视物质景观与自然环境的有机结合，重视应用具有当地特色、体现村民集体记忆的歌谣、故事和墙画等，展现当地的地域特色和民族风情，并使用现代艺术设计方法，将乡土元素"植入"公共空间，让村民感到熟悉与亲切，唤醒他们的家园情结。②

三、深入人心的家国情怀

家国情怀是人们基于家、国的归属意识和热爱的情感而生成的

---

① 曹琪.人本视角下郫都区乡村公共空间更新研究[D].成都：西南交通大学，2019.
② 石永婷，赵宇.用艺术与乡土重塑乡村公共空间活力：以重庆市大足区和平村公共空间建设为例[J].美术大观，2020（3）：128-130.

使命感与责任感,与古人修身、齐家、治国、平天下的人生理想有密切关系,实现路径强调个人修身、重视亲情、心怀天下,既与行孝尽忠、民族精神、爱国主义、乡土观念、天下为公等传统文化有关,又是对这些传统文化的超越。

虽然不同地方的人对文化有着不同的认知,但因间接学习、直接实践而形成的对家乡的归属感和依赖感,是人类共通的情感。有了对家乡的归属感和依赖感——乡土情怀,才会为家乡的发展而思考,并投身于家乡建设;再进一步,才会为国家而自豪,并拥有民族自信和国家意识,最终为国家的建设贡献力量。

客家人在拓荒创业、躬耕陇亩的同时,注重对宗族子弟的启蒙教育,"一部客家移民史,就是一部客家拓荒和办学的历史"[①]。在传统教育向近代教育转型的过程中,宗族学校家族观念逐渐淡化,国家意识开始增强,客家人逐渐认识到教育的发展对国家和社会的重要性。迁徙至四川金堂的陈氏各宗支也不例外。

金堂陈氏尊陈国新为入川始祖,在四川按照客家人的传统习俗,建立凝聚族众的祠堂(崇本祠、光裕祠、宿高祠等),兴办培养宗族子弟的家塾。随着子孙的繁衍和社会的发展,家塾已经不能满足日益增多的学童的需要,再加上军阀混战和暴敛,陈氏崇本祠族人认识到了办学校的好处,因此集资创办了陈氏私立崇本小学校,崇本祠堂即为校园。小学初创之时,设备简陋,教室不足,完全不能满足外姓子弟就读的要求。

为了满足日益增多的乡童入学的要求,陈氏崇本祠联合陈氏光裕祠,调拨族产,连通两祠,扩大了崇本小学,大量非陈姓乡民子

---

① 王东.社会结构与客家人的教育[M].武汉:湖北教育出版社,2003.

弟也能入读。随着小学生的逐渐增多和长大，开办中学势在必行。经过协商，金堂陈氏各宗祠共同促成了私立陈氏崇正中学的建立。两校以陈氏宗祠资金启动，向社会敞开办学，非陈姓贫苦子弟也能入读，还从实际出发，增开了外语、书法、武术、国文等教育内容。其中崇正中学校联曰："崇尚道义，正己正人，清源正本，正气浩然；中学为体，西学为用，刻苦学习，振兴家国。"崇本祠族长陈笃斋认为国家积贫积弱，只有发展教育培养人才，国家才有希望，因此在办学中特别强调"义务教育由家而乡"。①

在崇本、崇正学校，爱国主义教育贯穿于教学和管理之中，时常讲解《总理遗嘱》《大同学说》《满江红》《正气歌》等，还教学生唱《义勇军进行曲》《黄河大合唱》等，校园的照壁上写着"全民奋战，抗战到底"8个大字，墙壁上画着《台儿庄大捷》《日军肆虐，还我河山》图画。②

如今，陈氏宗祠大多已经湮没，但陈氏族人的家国情怀依然存留于人们的心中，在城厢镇也可窥陈氏宗祠的遗貌，如位于城厢西街的"陈氏宗祠"（过去的宿高祠），现为四川省文物保护单位，是古镇西街上最大的亮点之一。

重庆市涪陵区大顺乡大顺村是中国传统村落和重庆市历史文化名村。它依山而建，民居不仅具有鲜明的民族特色，还具有典型的移民文化特色，如《鲁班经》中记述的民间建筑框架——"正三架式""正七架式"建筑实体，庙宇道观、祠堂式、秋千式、桥亭式等10余种建筑样式，以及皖南、湘赣民居、方形土楼、四合院等建筑

---

① 严奇岩.四川客家"崇文重教"的历史重构[M].成都：巴蜀书社，2009.
② 刘义章，邹一清.四川客家民俗文化[M].成都：四川人民出版社，2001.

实体,堪称移民建筑文化博物馆。①

大顺村也是革命烈士李蔚如的故乡,他于1906年加入中国同盟会,曾参加由熊克武、杨庶堪等人领导的讨袁斗争,蔡锷领导的护国军起义,曾任熊克武师参谋兼重庆镇守使参谋、四川招讨军参谋长兼成都讲武堂堂长。1926年,李蔚如加入中国共产党,积极开展四镇乡农民运动。1927年1月,李蔚如领导的农民自卫军攻打南川县城,策应了刘伯承领导的顺泸起义。1927年7月,李蔚如被重庆军政当局诱捕,被杀害于重庆黄桷垭。②继李蔚如之后,李氏家族的李仙舟、李庆赤、陈寿珉也是为党和人民英勇捐躯的烈士。

大顺乡以向革命烈士学习为导向,通过复原革命文物,利用现代宣传手段,弘扬革命精神,进行传统村落的旅游活化,既从多方面展示了大顺村作为传统村落的保护成果,也从村落实际出发,充分开发利用了革命文物资源,以便为红色旅游发展服务。以李蔚如故居为例,它由前屋、后屋、两侧廊道和4座碉楼围成一个闭合的方形院落,整个建筑除了4座碉楼的屋顶部分被拆除改造以外,保存比较完整。文物工作者在原有基础上加固了墙体,矫正了房梁、椽子等建筑构件。同时深入挖掘革命烈士的故事,作为红色文化宣传的重要素材,加强红色文化的宣传工作。电影《大顺·1927》就是利用大顺这个革命老区的地区优势,用现代媒体技术更广泛地推广了红色文化。③

大力推进传统村落地方文化的挖掘工作,复原传统文化景观,

---

① 冯骥才.20个古村落的家底:中国传统村落档案优选[M].北京:文化艺术出版社,2016.
② 四川省地方志编纂委员会.四川省志:人物志:上册[M].成都:四川人民出版社,2001.
③ 李振文.试析以传统村落保护促美丽乡村建设:以涪陵传统村落保护为例[J].文物鉴定与鉴赏,2019(24):138-139.

展示、宣传地方文化,并通过传统村落的旅游活化、体验,有助于打破人们对传统村落破败、落后的认识,增强人们对乡土文化的认可,重构人们对家乡、对国家的认知,唤醒人们的家国情怀,引导青年人回乡建设家乡、海外游子归国建设国家。

第二节
景观复建:从修旧如旧到修旧如故

修旧如旧和修旧如故均是文物遗产保护与修缮的原则。修旧如旧意为按照文物遗产在某一阶段所呈现的面貌修缮,保留其原有的真实的内容,除了复原文物的物质状态,还可以复原某一阶段的历史文化信息,保证真实性。修旧如故意为保留文物遗产无形的传统文化内涵,尽可能地从精神层面复原地方文化,在现代社会中寻找最合适的方法展现文物遗产的文化内涵,而不是对物质实体的完全复原,让现代要素与文物遗产完美结合。在历史文化价值、生态价值、生产功能、居住功能和休闲旅游功能并存的传统村落中,修旧如故更适合指导旅游活化的开展。

一、重庆市武隆区天池坝苗寨

（一）天池坝苗寨简介

天池坝苗寨位于重庆市武隆区后坪苗族土家族乡文凤村，位于丰都、彭水、武隆的交界处，背靠人头山，海拔约1100米，寨子呈月牙形。

天池坝苗寨所在的文凤村是重庆市历史文化名村，居住着苗族、土家族等少数民族，是目前渝东南乃至重庆市保存最完好的少数民族传统民居建筑群之一。当地人依然过着传统的牛耕耙锄的农耕生活，保留了世外桃源般的原生态田园。绿树房前绕，青山屋后斜，村寨掩映在树林间。村内以典型的苗族传统民居建筑为主，顺应地势，当正房高、两边低时，就修吊脚楼；当正房低、两边高时，则修厢房。建筑内部虽不尽相同，但整体上比较协调，大多为两三层穿斗式木结构，以青瓦、黄色木墙为主要色彩，具有浓厚的少数民族民俗文化特色。吊脚楼和池塘、凉亭、青石小路、梯田相映成趣，寨中最高的建筑要数观景阁，它是一座四角三层的木质建筑，凭栏远眺，上看人头山，下看山王墩。

天池坝有不少神话故事和山歌流传至今。相传，玉帝的七女儿绿衣仙子下凡于此地，她见此地地势平坦、风景秀丽，便仿照天宫建造瑶池并种上荷花，定居于此。瑶池被后人称为天池，天池坝因此得名。后来，仙女离开此地继续游历，仙女使用过的镜子和灯台变成了"镜子石""灯杆石"。不久后，天池坝一带妖怪肆虐，人们苦不堪言，幸好有仙女留下的看家虎化身为山神，赶走妖怪，并留下一枚印章，化为今日的"印把石"，日夜守护当地居民。"印把石"同"镜子石""灯杆石"一起,被当地村民视作神灵之物,至今仍有人拜祭,祈求五谷丰登、家宅平安。据传,张果老也曾到此一游,并被古寨瑶池美景吸引。

此外,后坪一带的人们能歌善舞,常用山歌表达情感,久而久之,形成了后坪山歌。后坪山歌种类不少,有为了纪念乡邻红白喜事的仪式歌,也有男女谈情说爱时的乡土情歌,更有人们为了消除疲劳、统一步调、激发活力的劳动山歌,等等。

天池坝苗寨因地处深山之中,偏远闭塞,使少数民族民居建筑较完好地保存了下来。

(二)天池坝苗寨景观复建的实践

1. 坚持整村保护

天池坝苗寨村落风貌和景观的整体性最为重要,既体现了和谐的人地关系,也是重要的物质文化遗产,必须使用规划手段,坚持整村保护,保护村落风貌和景观的整体性。

2. 改造传统民居,改善人居环境

苗族民居建筑具有重要的生态价值、景观价值和艺术价值,但这并不意味着对苗寨民居全盘接受、拒绝修缮,或是完全按照传统建筑形制、材料、装饰和空间组织来新建房屋。现代社会需要的不是照搬传统,而是继承传统文化的精髓,做到修旧如故。

随着经济水平的提高,村民普遍有实现现代化生活的需求,要求居住环境也有相应改善。传统苗族民居以木架构为主,封闭性较强,木材具有保温、吸湿、易操作的优点,也面临着发霉、腐烂、

火灾和虫食的威胁，具有局限性，进而引发人们对其安全性和舒适度的质疑，其内部空间布局、保暖散热功能等诸多方面难以满足现代化生活的需求。因此，天池坝苗寨的古民居建筑需要在不改变传统民居特色的前提下进行改造更新，进而实现活化应用。

首先，划定历史文化建筑"紫线"，严格保护传统建筑群，禁止对传统建筑随意地、不加指导地修复和改造。整治、拆除与传统建筑风貌不相符的民居建筑，修缮建筑立面，拆除危棚简屋和违章建筑。其次，对传统民居建筑进行现代化改造，更换糟朽构件，加固土墙，对木材进行防腐、防虫和防火处理，屋面铺设防水层，重新铺设屋面瓦，增加现代厨卫设施和给排水设施，对电力管网进行改建改造，改善人居环境。再次，在新建房屋的建设过程中，应将当地传统的石雕和石刻装饰充分融入其中，在保证居住环境友好的情况下，合理使用原始工艺，以及本地的砖材、石料等。最后，保留民居的庭院空间，包括院坝、菜地、围墙、栅栏等要素，使用透水性地面材料、本地石板和石块，辅之以绿化手段。

3. 改善村落整体环境

首先，改善村落交通条件，扩充交通网络总里程，提高村落交通通达度。其次，乡村旅游发展带来的生活垃圾与污水对大山深处的传统村落是不容忽视的威胁，将污水和垃圾带出大山的工程量巨大。因此，应改善村落整体卫生环境，规划建设垃圾处理站、污水处理站，将生活垃圾降解、污水净化后排放。

二、重庆市涪陵区青羊镇安镇村

(一) 安镇村简介

重庆市涪陵区青羊镇安镇村位于今涪陵区西南部,坐落于山间盆地之中,周围浅丘环绕,海拔 610—800 米。东与吴家村接壤,南与三合村为邻,西与同乐乡、山大村相靠,北与兴安相连。

安镇村始建于北宋年间,发展于明末清初移民时代。据陈氏家谱记载,陈我仁于 17 世纪末,携妻子从江西迁入贵州,1720 年顺乌江而下,迁居至青羊镇古墓台,几年后又迁至戴家堰,此时戴家堰只有陈氏、黄氏两户。到入川第五代时,陈氏已经积累了大量财富,并从 1858 年开始兴建庄园。[1]

安镇村不仅有陈万宝庄园,还有石桥、明渠、暗沟、古井等遗迹,以及原汁原味的农耕文化景观。陈万宝庄园是晚清涪州大地主、诰赠朝议大夫陈万宝及其子孙所建的庄园群,累计建筑面积在 10 万平方米以上,均为清代同治、光绪年间建成。在众多庄园中,建筑水平最高、保存最完好的当数修建于 1862—1874 年的石龙井庄园。这个庄园是陈万宝二儿子陈云达的居室,坐南朝北,院落东、南、西三面依浅丘,地势后高前低,四周围墙为通高 3 米石墙加 2 米高青砖砌成,白色墙面。整体呈四合院中院布局,为两重堂四合院带附院一楼一底建筑,穿斗木结构,8 个房屋天井,两口石井。正屋阳间与下厅正中的戏楼相对,处于整个庭院的中轴线上,下厅游廊西头有耳房和花园。屋顶盘鳌坐脊,吻背插剑,其桷沟原用锡瓦盖

---

[1] 高鹏飞,周雪.安镇村历史文化与传统建筑[J].建筑与文化,2016(4):196-197.

成,瓴瓦当花瓣边。墙基、院坝、天井、栏杆全部用青砂条石铺就,园内有众多石雕、木刻,千姿百态、栩栩如生,其中戏楼台口上方的镂雕木刻情节完整,是陈万宝发家致富的真实写照。整个建筑都能看到徽派建筑特征,又有川东民居建筑特色。[1]

庄园集封建文化、民俗文化、建筑文化于一体,充分体现了劳动人民的聪明才智。目前,陈万宝庄园的空间格局相对完整,但建筑架构和建筑装饰损坏严重,急需修复,同时也面临着一些问题:第一,建筑保护主体不明确;第二,需要进行厨卫、给排水等方面的现代化改造,以适应不断变化的生活需求;第三,现居住者对传统民居文化价值的认知有限。

(二)青羊镇景观复建的实践

1. 保护陈万宝庄园的完整性

将陈万宝庄园及其周围30米的范围划为核心保护区,其余部分规划为风貌协调区,保护历史建筑和周边环境的协调,保证完善的视觉景观。

2. 保留陈万宝庄园的相对真实性

保留建筑的真实性就是完整保护建筑的现实状态,即便是断壁残垣,也承载了真实的历史。但陈万宝庄园中的部分建筑仍具有居住功能,是村民的居住空间,建筑本身就经过无数次小型修复,且

---

[1] 刘茂娇,刘玉珮,彭光灿.涪陵陈万宝庄园古建筑群:"大观园"里演绎百年兴衰[N].重庆日报,2019-05-08.

如果不及时修复，最终只会彻底消失。因此，对陈万宝庄园的保护与修复应以科学的历史考证和分析为基础，在不影响历史建筑的真实性价值的情况下，对被拆除和损毁的部分进行有选择性的修复设计，对现存的部分进行合理的保护修复，并根据实际情况进行适当的现代化改造，满足村民的居住需求，实现修旧如故。

以石龙井庄园为例，该庄园曾为小学办校所用，修建了砖混结构教学楼和操场，现已荒废，这破坏了石龙井庄园景观的整体性，应予以拆除；庄园后部原有两座碉楼建筑，具有瞭望、预警和防御的功能，颇具历史意义，应予以修复；除了建筑主体残缺外，雀替等结构构件和门窗等围护构件多有残缺，这些构件具有支撑、防护和装饰的功能，关系到建筑整体的完整性，也应予以修复。此外，针对仍然发挥着居住功能的建筑，需要在不改变其建筑形制、建筑空间组织和建筑装饰等特色的情况下，进行更新和修护，以改善居民的居住条件，包括铺设给排水管道、铺设电力电信管网、配备现代厨卫空间等措施，将现代生活功能空间融入传统民居建筑之中，让建筑既满足居住需求，也保留历史文化价值。

三、四川省雅安市望鱼古镇

（一）望鱼古镇简介

望鱼古镇位于雅安市以南周公河上游河畔的半山腰上，周围群山环绕，靠山面水，毗邻洪雅县瓦屋山镇。

此地最初为茶马古道上的驿站，而后逐渐成为周边地区商贸活动的中心，民居、寺庙、戏台、客栈和酒坊等相继建立，规模逐渐扩大，明末清初始形成场镇。

望鱼古镇地势起伏较大，传统民居建筑具有布局紧凑、进深长、面宽窄的特点。老街建于明末清初，主要建筑在一块巨石之上，因巨石形似一只守望着周公河游鱼的猫而得名。老街为狭长的"一"字形长街，一条青石板路纵贯全街，两侧为木结构青瓦房和吊脚楼，也有出檐廊柱，大多采用上宅下店或以天井分割前后不同功能的复合型结构。房屋的地坪有一定高差，有的门口还设有若干级石阶，石阶与街面有各种式样的孔洞相连，形成排水系统。过去的乡公堂、银庄、当铺、杂货铺、衣铺、药铺、绣庄、客栈、饭馆、茶铺、镖局、戏台等，大多已成民居，门、窗、枋、檐上的浮雕、镂空雕和镶嵌雕透露着昔日的繁华。

随着交通的改善，深山之中的望鱼古镇逐渐失去其过去优越的地理位置，商贸地位不再，传统民居也面临保护与更新的双重难题。首先，望鱼古镇的商贸功能消失，传统的商住混合民居尽管具有独

图 4-2
望鱼古镇

特的历史文化价值，但已经无法满足居住者的实际需求；其次，狭小的传统民居无法满足居住者对于整洁的厨卫空间、宽敞的居住空间、明亮的室内空间等需求；再次，地质灾害频发，导致木质墙体和结构受损严重；最后，居民对传统民居建筑的认识程度有限，不少村民对房屋使用现代材料进行了修缮和改造，甚至推倒重建，破坏了古镇风貌。

（二）望鱼古镇景观复建的实践

1. 明确提高传统民居宜居性的理念

对传统民居的改造，应坚持改善传统建筑结构的稳定性、提高其宜居性能、降低改造成本、满足使用者精神和审美需求的原则。在改造过程中，坚持保留传统民居依山就势的选址习惯，坚持在保留传统建筑形制和风貌特色的前提下，调整更新传统建筑的居住、生活功能，如配备现代厨卫设施和电网设施等，提升空间品质，使之适应人们的生活需要。此外，合理利用当地优越的生态环境塑造自然景观，并与建筑、道路等人造物有机结合，打造乡村田园景观。

2. 改善传统民居的细节

首先，进行建筑结构的宜居性改造。确定木柱与柱脚石的可靠连接，使用铁箍巩固木柱，或用石料、钢筋混凝土墩替代原有柱脚石；使用扒钉、角钢等加固梁柱节点；添加横向木条，加固原有木板墙体；更换易被腐蚀的屋面材料，使用现代防雨性较强的材料。

其次，进行建筑防潮功能的宜居性改造。借鉴我国南方其他地区的防潮经验，在原有建筑基础上架空木地板，以增加地面通风，或使用现代材料设置防潮层；除了在原始楼板新增保温层、防水层以外，还可以利用外层涂料增强墙体防雨性，屋檐下加设雨水收集器，集中排放。

最后，进行建筑采光和通风性能的宜居性改造。调整内部空间组合，拆除首层分隔墙，改善左右厢房采光环境和通风环境；合并不必要的空间，避免内部空间过分紧密，相互遮挡自然光线和通风廊道；将一、二层打通，争取更多的采光面，同时上下贯通，有利于竖向通风；在楼梯间、卫生间等处合理布置亮瓦；合理拓宽原有窗户尺寸，更换透射率较高的材料；调整屋面结构，设计空气间层，以实现屋面通风。

第三节　产业复活：从原有产业衰退到旅游业态升级

一、重庆市武隆区犀牛寨

（一）犀牛寨简介

犀牛寨位于重庆市武隆区土地乡天生村，原名冉家沟，是仙女山 AAAAA 级旅游景区的重要组成部分，离"印象武隆"大型山水实景演出剧场4千米，距世界自然遗产地、国家 AAAAA 级景区天生三桥5千米。整个村落地势中间平坦，南北方向坡度较大，为自然山体，东西方向为"凹"谷。

相传，犀牛寨因神话传说而得名。早在先秦时期，犀牛寨就有人类居住。现有居民祖先基本是从湖北、湖南移民而来的。在经历了多次移民后，原有冉姓氏族基本没落消亡，由陈姓氏族取代。

犀牛寨内历史遗迹众多，具有相当大的景观价值。首先，犀牛寨的村落空间格局是天人合一的体现。犀牛寨坐落于山腰之上，背靠大山，前有流水，与自然环境和谐相处、融为一体，形成了典型的高山村寨景观。其次，犀牛寨隐藏在峡谷森林间，大量乡土建筑保存较好，体现着村落原有格局和历史风貌，是重庆市保留最完整、最具特色的古村落之一。村民以土家族为主，土家族特色吊脚木楼依山而建，顺应地势布局，与当地自然条件相协调，体现了土家族建筑形制、装饰和用材等方面的典型特色，并依据建筑内部空间布局实现通风、降温、除湿，体现了古人适应自然的智慧，具有较高的研究价值。最后，当地民风淳朴，村民仍遵循着传统的农耕生活模式，日出而作，日落而息，凿井而饮，耕田而食。村民的日常生活融于人文景观之中，构成了一幅美丽的画卷，成为犀牛寨"人间净土、生态福地"意象的一部分。

寨子所在地为槽型地势，有寨洞、犀牛洞、无底洞、泉口洞、黑漆洞等多个地下溶洞，洞内景观奇特，遍布着钟乳石和石笋，还有暗河悄然流过，成为村民的主要水源。其中，泉口洞云梯大厅高低差达440米，垂直高度差达385米，是世界上已探明的面积最大的溶洞大厅。此外，犀牛寨还有天生桥、石林、擎天一柱等景点。

（二）犀牛寨产业复活的实践

随着乡村旅游的兴起，土地乡依托当地自然条件，大力发展乡村旅游，打造特色民族文化生态游品牌，邀请专业规划团队对冉家沟（犀牛寨）传统村落进行"传承保护与发展规划"。

1. 开寨更名

在盛大的开寨仪式上，参照当地的传说故事，冉家沟更名为犀牛寨。这一传说故事是独特地方文化的体现，依托当地溶洞资源而形成，具有无可替代性。当非物质文化成为符号，固化为村落的名称时，非物质文化就有了更广泛的传播途径。以更容易为人所接受的传说故事吸引游客，进一步推动了文化和旅游的融合，迈出了旅游业态升级的第一步。

2. 整体保护村落自然景观格局和乡土人文特色

峡谷、溶洞、石林、河流等各类自然景观组成了当地特有的自然景观格局，构成了当地的自然生态系统，需要划定生态环境保护区，严格控制破坏性的生产建设活动，对其进行整体性保护。另外，当地原始农耕生活是原生态田园风光的一部分，家族宗亲网络影响着村落的空间布局，并与自然和谐相处，是旅游活化的重要资源，也应坚持整体保护原则。

3. 农旅联动，促进乡村旅游业态升级

犀牛寨的原生态田园风光是重要的旅游资源之一，在不超过当地生态环境承载力的前提下，将传统的农耕生产方式与乡村旅游相

结合，发展观光农业、休闲农业、体验农业，吸引游客体验传统农耕生产模式，融入犀牛寨的田园生活，促进第一、第三产业联动。使用乡土材料和建造技术，修复、新建土家族特色吊脚木楼。在尊重原有建筑形制与自然环境相适应的前提下，融入现代建筑设计理念，更新给排水、电路和通信系统，打造具有民族风情的特色民宿。通过物质实体或民族习俗活动传递土家族风情，吸引游客长久"留下来"或旧地重游，实现经济、社会、生态效益的最大化，促进乡村旅游业态升级。

4. 打造地方特色旅游产品，实现乡村旅游业态升级

犀牛寨的溶洞和四季分明的气候是当地特有的自然资源，是休闲养生、旅游度假、户外运动、科研探索、探险娱乐的绝佳之地，要对当地自然资源进行合理开发，从观光游向体验游、度假游、探险游等方向转变，实现乡村旅游的业态升级。另外，旅游活化离不开完善的旅游基础设施。要在充分考虑当地生态环境承载力的情况下，将溶洞、石林等自然景观与民族风情、土家族木楼联系起来，打造特色旅游体验线路。调动村民积极参与，美化村落环境，培养和聘用专业旅游人才，提升旅游接待能力和旅游服务质量，使犀牛寨的旅游产业实现可持续发展。

（三）犀牛寨旅游活化的启示

经过旅游活化的犀牛寨是人们心灵放松之地，被誉为"仙女山深处的世外桃源""最美古村落""炊烟山庄"，吸引着游客纷纷来此体验一方净土。犀牛寨旅游活化的启示是：以地方自然和人文条

件为基础，明确旅游活化必须坚持的原则和方式，以及旅游活化的理念和目标。犀牛寨的旅游活化实践基于地方的独特性而展开，依托的是特有的气候条件，溶洞、石林等自然景观，原生态的农耕生产模式，并抓住了旅游业态升级的机会，实现了从观光游到体验游、度假游、探险游等方向的转变，实现了乡村旅游的业态升级，并保留了原生态田园风光和安静、淳朴的格调，吸引游客"留下来"和旧地重游。

二、重庆市武隆区归原小镇

（一）归原小镇简介

归原小镇位于重庆市武隆区仙女山镇荆竹村，海拔 1000 多米。仙女山是国家 AAAAA 级风景名胜区和国家森林公园，拥有优质的森林和高山草原自然景观，以及丰富的茶叶、动植物资源，也是世界自然遗产——中国南方喀斯特的组成部分。

荆竹村是一个山地农业村落，地处喀斯特地貌区，山林茂密，郁郁葱葱，周围有天坑、松林、峡谷等奇特的自然景观，风景十分秀丽。民风淳朴，受现代化影响较少，村落人文景观风貌保留完好，拥有典型的土木结构民居，以单层砖木或砖石建筑为主。

荆竹村曾因交通不便、生产方式单一而发展滞后，"空心化"现象严重，部分老屋年久失修，无力改善基础设施，群众观念滞后，急需旅游活化带来新的转机。

(二)荆竹村产业复活的实践

1. 古村更名

荆竹村在旅游活化中更名为"归原小镇",意为来到荆竹村的游客都可以回归原点、回归初心,体现了归原小镇的设计理念和乡村旅游的意义,即尊重当地自然环境和乡土人文特色,通过合理规划和适度干预,保留原有文化价值,激发村庄的活力,给予游客放松、体验、康养的田园空间,唤醒人们对自然田园的喜爱之情,激发人们的乡愁。

2. 沿用原有建筑形制和乡土材料,保留乡土文化

(1)针对较完好的夯土民居,保留其外部形制,加固墙体,以稳定整体结构;对屋面、墙体和地面则添加使用现代保温、防雨和防潮材料,以适应湿热的气候;对建筑内部进行现代化改造,如调整门窗形制,使用百叶窗、开凿高侧窗和玻璃天窗等,以改善室内采光;添加水电、现代厨卫等设施,以满足现代生活需求。(2)将老宅翻修或重建为民宿,保留当地传统夯土民居的外貌和形制,沿用石灰石、土瓦和木料等乡土材料,保留乡土氛围。(3)新建民居沿用传统民居的木架构形制、层叠式筑台、以院围屋的空间格局,打造三进四院、重屋十九间,并传承了传统建筑的四六明间和亭、廊、间、堂的设计,保留内部窗花隔墙、漏窗等形制,还将现代建造技术、设计理念与传统建筑文化融合,打造高品质、内部现代化的庭院别墅。(4)在遵循乡土韵味、尊重自然环境的前提下,设计了兼具传统乡土和现代时尚特色的建筑。

3. 通过文旅、农旅融合促进乡村旅游业态全新升级

（1）引入文创运营商，设计艺术展览场所，开展作品展、艺术沙龙、公益艺术拍卖、中国古建艺术摄影展等有意义的文化活动，以文化活动带动旅游发展，实现文旅融合，促进乡村旅游业态从简单的观光游升级为展览游、商务游。（2）开发应用独特的小镇生活服务体系和健康管理体系，将森林、天坑、群山、田园等多种景观联系在一起，激发人们对自然的亲近感，打造全方位的体验场景和康养度假胜地，促进乡村旅游业态从简单的观光游升级为度假游、康养游。（3）充分利用生态环境优势，围绕旅游发展特色农业体验项目，开展农家乐、农产品采摘等项目，建设茶室和农事体验工作坊，在改善乡村面貌的同时，实现第一、第三产业联动，促进旅游业态升级。

4. 完善乡村基础设施，改善村落环境

从仙女山镇到荆竹村的路程不长，但坡陡谷深，路面狭窄、坑坑洼洼，十分不便。2012年后，当地逐渐完成了近90千米公路的修建、改扩建和养护工作，实现自来水入户全覆盖，实行道路硬化、村庄绿化和环境美化工程，打造亲近自然、清新宜居的村落环境。

（三）荆竹村旅游活化的启示

目前，我国乡村旅游存在着缺乏地域特色、旅游产品单一、民宿服务质量较低等多种问题。归原小镇作为传统村落产业复活的载体，利用得天独厚的自然资源、淳朴的民风和悠久的历史文化，在

不破坏生态环境、尊重当地文化的前提下，完善休闲度假配套设施，开展展览游、度假游和康养游等，留住乡愁承载地，实现产业复活，延续地方文化，值得其他传统村落借鉴，对挽救正在消亡的传统村落有重要的参考意义。

参考文献

REFERENCES

[1] 伏俊琏，徐正英. 古代文学特色文献研究：第一辑[M]. 上海：上海古籍出版社，2016.
[2] 幸晓峰，沈博，钟周铭. 南方丝绸之路文化带与中国文明对外传播与交往[M]. 成都：电子科技大学出版社，2017.
[3] 杨世明. 巴蜀文学史[M]. 成都：巴蜀书社，2003.
[4] 冯维波. 重庆民居：上卷：传统聚落[M]. 重庆：重庆大学出版社，2017.
[5] 中华人民共和国住房和城乡建设部. 中国传统建筑解析与传承：四川卷[M]. 北京：中国建筑工业出版社，2016.
[6] 赵逵."湖广填四川"移民通道上的会馆研究[M]. 南京：东南大学出版社，2012.
[7] 郑玄，孔颖达，黄侃，等. 礼记正义[M]. 上海：上海古籍出版社，1990.
[8] 重庆工商大学信息技术和社会发展研究院，项玉章. 重庆之最[M]. 重庆：重庆出版社，2008.
[9] 何光岳. 炎黄源流史[M]. 南昌：江西教育出版社，1992.
[10] 老子. 道德经全集[M]. 北京：光明日报出版社，2012.
[11] 四川省奉节县志编纂委员会. 奉节县志[M]. 北京：方志出版社，1995.
[12] 四川省巫山县志编纂委员会. 巫山县志[M]. 成都：四川人民出版社，1991.
[13] 赵万民. 宁厂古镇[M]. 南京：东南大学出版社，2009.
[14] 冯骥才. 20个古村落的家底：中国传统村落档案优选[M]. 北京：文化艺术出版社，2016.
[15] 段渝. 四川通史：卷一：先秦[M]. 成都：四川人民出版社，2010.
[16] 方国瑜. 彝族史稿[M]. 成都：四川民族出版社，1984.
[17] 乐史. 太平寰宇记[M]. 北京：中华书局，2007.
[18] 常璩. 华阳国志[M]. 北京：中华书局，1985.
[19] 王培荀，魏尧西. 听雨楼随笔[M]. 成都：巴蜀书社，1987.
[20] 梁茵. 西南少数民族建筑景观研究[M]. 北京：中国原子能出版社，2018.
[21] 马学良. 云南彝族礼俗研究文集[M]. 成都：四川民族出版社，1983.
[22] 俞孔坚. 理想景观探源：风水的文化意义[M]. 北京：商务印书馆，1998.
[23] 易谋远. 彝族史要[M]. 北京：社会科学文献出版社，2007.
[24] 郭东风. 彝族建筑文化探源：兼论建筑原型及营构深层观念[M]. 昆明：云南人民出版社，1996.
[25] 四川省非物质文化遗产保护中心. 四川非物质文化遗产民间文学艺术集录[M]. 成都：巴蜀书社，2011.
[26]《四川省非物质文化遗产名录图典》编辑委员会. 四川省非物质文化遗产名录图典：1—2卷[M]. 成都：四川民族出版社，2010.
[27] 朱嘉琪. 四川省民族民间音乐研究文集[M]. 北京：大众文艺出版社，2008.
[28] 中国民间文学集成全国编辑委员会，《中国歌谣集成：四川卷》编辑委员会. 中国歌谣集成：四川卷[M]. 北京：中国ISBN中心，2004.

[29] 蒋英. 川西饮食文化研究 [M]. 成都：四川大学出版社，2017.
[30] 四川客家研究中心. 四川移民与客家文化学术研讨会论文集 [M]. 成都：天地出版社，2005.
[31] 王象之. 舆地纪胜 [M]. 北京：中华书局，1992.
[32] 四川省民俗学会，罗江县人民政府. 李调元研究 [M]. 成都：巴蜀书社，2007.
[33] 蒋蓝. 极端植物笔记 [M]. 北京：海豚出版社，2015.
[34] 曾懿，陈光新. 中馈录 [M]. 北京：中国商业出版社，1984.
[35] 中国人民政治协商会议四川省简阳市委员会，学习文史工作委员会. 简阳文史资料第二十七辑：科举俊彦：简州状元文化 [M]. 成都：[出版者不详]，2013.
[36] 袁庭栋. 巴蜀文化 [M]. 沈阳：辽宁教育出版社，1991.
[37] 肖金虎. 长征路线（四川段）文化资源研究：宜宾卷 [M]. 成都：四川人民出版社，2018.
[38] 傅崇矩. 成都通览 [M]. 成都：天地出版社，2014.
[39] 本书编委会. 中国地理标志产品集萃：纺织工艺品 [M]. 北京：中国质检出版社，2016.
[40] 汤朝菊. 中国文化集萃：国家级非物质文化遗产名录多语译介：巴蜀卷 [M]. 重庆：重庆大学出版社，2016.
[41] 钟秉章，卢卫平，黄修忠. 蜀锦织造技艺 [M]. 杭州：浙江人民出版社，2014.
[42] 李南晖，张翼儒. 威远县志 [M]. [出版地不详]：[出版者不详]，1775.
[43] 王文君. 中国彝家第一村：攀枝花迤沙拉民族历史文化研究 [M]. 成都：四川科学技术出版社，2005.
[44] 四川省乐山市市中区编史修志办公室. 嘉定府志 [M]. [出版地不详]：[出版者不详]，1986.
[45] 郭剑英. 乐山古镇旅游发展研究 [M]. 北京：中国旅游出版社，2016.
[46] 李星星. 蟹螺藏族：民族学田野调查及研究 [M]. 北京：民族出版社，2007.
[47] 于文胜. 特色的乡村 [M]. 乌鲁木齐：新疆美术摄影出版社，2013.
[48] 魏郁珉. 中国最美的 100 个乡村 [M]. 北京：北京工业大学出版社，2015.
[49] 陆铭宁，施遐. 乡村旅游新探：以凉山州为样本的实证研究 [M]. 成都：四川大学出版社，2014.
[50] 严奇岩. 四川客家"崇文重教"的历史重构 [M]. 成都：巴蜀书社，2009.
[51] 王东. 社会结构与客家人的教育 [M]. 武汉：湖北教育出版社，2003.
[52] 刘义章，邹一清. 四川客家民俗文化 [M]. 成都：四川人民出版社，2001.
[53] 四川省地方志编纂委员会. 四川省志：人物志：上册 [M]. 成都：四川人民出版社，2001.
[54] 刘有于，冯维波. 山地区域的传统村落空间分布特征及影响因素分析：以重庆为例 [J]. 湖南城市学院学报（自然科学版），2019，28（6）：40-45.
[55] 陈青松，罗勇，张洪吉，等. 四川省传统村落空间分布特征及其影响因素 [J]. 测绘与空间地理信息，2018，41（2）：49-52.
[56] 刘有于，冯维波. 四川省传统村落空间分布特征及影响因素研究 [J]. 南方农村，2019，35（6）：36-42.
[57] 熊笃. 巴渝文化论纲 [J]. 重庆大学学报（社会科学版），2007（1）：68-73.
[58] 佘海超，张菁. 基于"道法自然"思想的渝东南传统村落营建智慧研究 [J]. 重庆建筑，2017，16（10）：57-60.
[59] 刘晓晖，覃琳. 土家吊脚楼的特色及其可持续发展思考：渝东南土家族地区传统民居考察 [J]. 武汉理工大学学报（社会科学版），2005，18（2）：273-276.
[60] 王希辉. 土家族吊脚楼的文化内涵与传承 [J]. 重庆社会科学，2008（2）：92-95.
[61] 聂凌. 对中山古镇传统民居：吊脚楼的分析 [J]. 现代农业科学，2009，16（6）：115-116.
[62] 刘坤. 传统的继替：基于村落社会空间变迁的人类学考察：以重庆石柱土家族自治县国锋村为例 [J]. 民族论坛，2016（2）：104-109.
[63] 邓晓. "川江号子"的文化内涵 [J]. 中华文化论坛，2005（1）：17-22.
[64] 张永安. 川江号子与巴渝地方戏曲音乐的发展 [J]. 重庆社会科学，2008（7）：79-85.
[65] 周冰颖. 川江号子的文化价值及其保护传承问题研究 [J]. 中国音乐，2007（3）：172-174.
[66] 伍明实. 川江号子现状调查报告 [J]. 中华文化论坛，2011（3）：34-42.

[67] 贺龙熙.苗族反排木鼓舞的审美特征[J].科学与财富,2015(9):86.
[68] 肖文.《茂县营盘山新石器时代遗址》简介[J].考古,2019(1):14.
[69] 李小波.沱江:中国最有滋味的河流[J].中国西部,2012(17):14-21.
[70] 陈吟.浅析川南晚清民居的建筑特色:以福源灏民居为例[J].四川建筑,2010(6):60-62.
[71] 宋医琳,李俊辉.乡村振兴战略下四川省传统村落要素肌理分析及建设路径:以四川凉山彝族村落为例[J].农村经济与科技,2020,31(11):298-301.
[72] 裴一璞.白鹿化龙:从宋代四川盐神信仰变化看官民盐权分配的博弈[J].四川师范大学学报(社会科学版),2014,41(5):164-170.
[73] 刘小方.遗落蜀境的客家院落[J].百科知识,2014(18):58-60.
[74] 蓝勇.清代西南移民会馆名实与职能研究[J].中国史研究,1996(4):16-26.
[75] 吴斐,左辅强.洛带客家文化与传统聚落空间互动研究[J].华中建筑,2014(9):140-143.
[76] 马跃峰,张庆顺.聚落·会馆:洛带客家移民文化之初探[J].重庆建筑大学学报,2005(2):30-34.
[77] 曾维益.平武土司述略[J].康定民族师范高等专科学校学报,1999,8(2):26-32.
[78] 刘春,王刘辉,王倩.自贡三多寨传统村落保护与发展[J].城乡建设,2016(9):82-84.
[79] 张晓阳,高勤.自贡市三多古寨及传统村落保护[J].四川建筑,2015,35(3):49-51.
[80] 四川省攀枝花市平地镇迤沙拉村委会.茶马古道上的重要驿站:迤沙拉[J].小城镇建设,2006(11):32-35.
[81] 普光泉.迤沙拉里泼民俗文化初探[J].攀枝花学院学报,2011(2):5-9.
[82] 杨曦宇.古村落非物质文化遗产的挖掘及保护:以历史文化名村迤沙拉村为例[J].大众科技,2011(11):239-241.
[83] 杨楚.石棉县蟹螺堡子尔苏藏族音乐调查报告[J].商,2014(25):100-101.
[84] 徐君.转型中的康区藏族村寨:丹巴县梭坡乡莫洛村考察报告[J].西北民族研究,2004(1):99-107.
[85] 戴旭斌,彭宇洋,周波,等.彝族瓦板房聚落景观意象解析及保护发展探讨:以中国传统村落四川美姑县古拖村为例[J].四川文物,2015(2):91-96.
[86] 石永婷,赵宇.用艺术与乡土重塑乡村公共空间活力:以重庆市大足区和平村公共空间建设为例[J].美术大观,2020(3):128-130.
[87] 李振文.试析以传统村落保护促美丽乡村建设:以涪陵传统村落保护为例[J].文物鉴定与鉴赏,2019(24):138-139.
[88] 高鹏飞,周雪.安镇村历史文化与传统建筑[J].建筑与文化,2016(4):196-197.
[89] 张先庆.四川省民族地区传统村落保护方法研究:以北川县马槽乡黑水村为例[D].绵阳:西南科技大学,2017.
[90] 熊梅.川渝传统民居地理研究[D].西安:陕西师范大学,2015.
[91] 舒莺.重庆主城空间历史拓展演进研究[D].重庆:西南大学,2016.
[92] 杨柳.风水思想与古代山水城市营建研究[D].重庆:重庆大学,2005.
[93] 付顺.古蜀区域环境演变与古蜀文化关系研究[D].成都:成都理工大学,2006.
[94] 陈秀.川东北传统村落空间格局研究[D].成都:四川农业大学,2019.
[95] 王寒冰.川西平原林盘聚落空间形态研究[D].成都:西南交通大学,2019.
[96] 王雪杉.川西林盘典型村落美景度评价研究[D].成都:四川农业大学,2018.
[97] 马骏.基于文化旅游的白马藏族传统村落保护与发展研究:以四川平武亚者造祖村为例[D].西安:西安建筑科技大学,2018.
[98] 毛芸.四川平武白马藏族村落:亚者造祖村村落的演变、传承与保护[D].成都:四川农业大学,2016.
[99] 程茜.平武县传统村落现状与保护调研报告[D].绵阳:绵阳师范学院,2019.
[100] 徐海凤.民族传统节日课程资源开发研究:以蟹螺堡子尔苏藏族还山鸡节为例[D].成都:四川师范大学,2014.

[101] 温玉雯.丹巴县莫洛村传统村落空间形态特征及其保护研究[D].成都:成都理工大学,2018.
[102] 赵娟.控制与引导:肖溪古镇空间形态特色及其保护研究[D].重庆:重庆大学,2004.
[103] 方志戎.川西林盘文化要义[D].重庆:重庆大学,2012.
[104] 曹琪.人本视角下郫都区乡村公共空间更新研究[D].成都:西南交通大学,2019.
[105] 何茜.从三星堆文明看蜀人浪漫的仙化思维[N].四川日报,2006-07-14(2).
[106] 胡光银,杨翼德,陈星宇.去东溪永乐村感受"从前慢"[N].綦江日报,2017-02-15(A4).
[107] 包中强,龚正,晏治权."吹"出来的绝活:内江传统技艺"吹糖人"的变迁[N].内江日报,2014-04-13(1).
[108] 李贫,胡宇,陈荣.感受"人类活化石"山寨的古朴与沧桑[N].绵阳日报,2017-01-08(01).
[109] 侯丽芳,曹衍美.保护古村落,让它活起来、活下去[N].凉山城市新报,2016-06-17(A04).
[110] 刘茂娇,刘玉珮,彭光灿.涪陵陈万宝庄园古建筑群:"大观园"里演绎百年兴衰[N].重庆日报,2019-05-08.
[111] 佚名.重庆的气候[EB/OL].(2000-11-15)[2019-05-10].http://unn.people.com.cn/GB/channel204/209/412/444/200011/15/8275.html.
[112] 佚名.四川[EB/OL].[2019-05-10].http://www.gov.cn/guoqing/2013-03/26/content_5046167.htm.
[113] 谭继和.巴人重鬼、蜀人重仙与楚人重巫[EB/OL].(2002-10-24)[2019-05-10].http://www.cntv.cn/lm/842/-1/61503.html.
[114] 四川省政府办公厅.四川省人民政府办公厅关于印发《四川省文化旅游发展报告》的通知[EB/OL].(2007-01-05)[2019-05-10].http://www.sc.gov.cn/10462/10464/10684/13655/2007/1/5/10369513.shtml.
[115] 黄心怡.秀山清溪场镇大寨村[EB/OL].(2018-04-02)[2019-05-10].http://huodongzq.cbg.cn/hdbk/mlxc/2018/0402/10063079.shtml.
[116] 市档案局.内江蔗糖发展简况[EB/OL].(2017-03-27)[2019-05-10].http://www.neijiang.gov.cn/news/2017/03/1439072.html.
[117] 自贡市人民政府.魅力自贡[EB/OL].[2019-05-10].http://www.zg.gov.cn/zggknew.
[118] 阿坝藏族羌族自治州人民政府.阿坝概况[EB/OL].[2019-05-10].http://www.abazhou.gov.cn/abazhou/c102028/abgk.shtml.
[119] 周利庚.阿坝民居[EB/OL].(2008-06-03)[2019-05-10].http://guoqing.china.com.cn/zhuanti/2008-06/03/content_15614549.htm.
[120] 甘孜藏族自治州人民政府.走进甘孜[EB/OL].[2019-05-10].http://www.gzz.gov.cn/gzzrmzf/c100002/zjgz.shtml.
[121] 凉山非遗网.彝族火把节[EB/OL].(2017-08-29)[2019-05-10].http://www.lsz.gov.cn/wcls/cxzn/ms/201708/t20170829_603932.html.
[122] 成都市非物质文化遗产保护中心.名录项目:民俗[EB/OL].(2020-04-23)[2020-05-01].http://www.cdich.cn/Category/48/Index.aspx.
[123] 崔然,易霄宇.自贡盐商李振亨:打铁铺帮工,成一个时代大传奇[EB/OL].(2014-09-14)[2019-05-10].http://sc.people.com.cn/n/2014/0914/c345458-22303575-5.html.
[124] 黄伟.蟹螺堡子:高山上神秘的尔苏之歌[EB/OL].(2013-11-30)[2019-05-10].http://www.yaan.gov.cn/xinwen/show/dbc71937-3a21-4631-914c-38f854e702ee.html.

附录：巴蜀传统村落名单

表 5-1　巴蜀传统村落重庆部分

序号	批次	名称
1		涪陵区大顺乡大顺村
2		涪陵区青羊镇安镇村
3		九龙坡区走马镇椒园村
4		綦江县东溪镇永乐村
5		忠县花桥镇东岩古村
6		忠县新生镇钟坝村
7		石柱土家族自治县金岭乡银杏村
8		石柱土家族自治县石家乡黄龙村
9	第一批 （2012-12-17）	石柱土家族自治县悦崃镇新城村
10		秀山土家族苗族自治县梅江镇民族村
11		酉阳土家族苗族自治县苍岭镇大河口村
12		酉阳土家族苗族自治县酉水河镇河湾村
13		酉阳土家族苗族自治县酉水河镇后溪村
14		酉阳土家族苗族自治县南腰界乡南界村
15	第二批 （2013-08-26）	涪陵区大顺乡大田村
16		酉阳土家族苗族自治县可大乡七分村
17		涪陵区蔺市镇凤阳村
18		大足区玉龙镇玉峰村
19		大足区铁山镇继光村
20		巴南区丰盛镇桥上村
21		黔江区小南海镇新建村
22	第三批 （2014-11-17）	黔江区阿蓬江镇大坪村
23		黔江区五里乡五里社区程家特色大院
24		黔江区水市乡水车坪老街
25		江津区塘河镇硐寨村
26		江津区吴滩镇邢家村
27		江津区塘河镇石龙门村
28		江津区白沙镇宝珠村东海沱

续表

序号	批次	名称
29		合川区涞滩镇二佛村
30		永川区松溉镇松江村
31		永川区板桥镇大沟村
32		潼南县双江镇金龙村
33		潼南县花岩镇花岩村花岩场
34		梁平县聚奎镇席帽村
35		武隆县后坪苗族土家族乡文凤村天池坝组
36		武隆县沧沟乡大田村大田组
37		武隆县浩口苗族仡佬族乡浩口村田家寨
38		忠县洋渡镇上祠村2组
39		忠县永丰镇东方村9组
40		巫山县龙溪镇龙溪村2社
41		秀山土家族苗族自治县清溪场镇大寨村
42		秀山土家族苗族自治县清溪场镇两河村
43	第三批	秀山土家族苗族自治县洪安镇边城村
44	（2014-11-17）	秀山土家族苗族自治县洪安镇猛董村大沟组
45		秀山土家族苗族自治县梅江镇凯干村
46		秀山土家族苗族自治县钟灵镇凯堡村陈家坝
47		秀山土家族苗族自治县海洋乡岩院村
48		酉阳土家族苗族自治县桃花源镇龙池村洞子坨
49		酉阳土家族苗族自治县龙潭镇堰提村
50		酉阳土家族苗族自治县酉酬镇江西村
51		酉阳土家族苗族自治县丁市镇汇家村神童溪
52		酉阳土家族苗族自治县龚滩镇小银村
53		酉阳土家族苗族自治县酉水河镇大江村
54		酉阳土家族苗族自治县酉水河镇河湾村恐虎溪寨
55		酉阳土家族苗族自治县苍岭镇苍岭村池流水
56		酉阳土家族苗族自治县苍岭镇南溪村
57		酉阳土家族苗族自治县花田乡何家岩村
58		酉阳土家族苗族自治县浪坪乡浪水坝村小山坡

续表

序号	批次	名称
59	第三批 （2014-11-17）	酉阳土家族苗族自治县双泉乡永祥村
60		彭水苗族土家族自治县梅子垭镇佛山村
61		彭水苗族土家族自治县润溪乡樱桃村
62		彭水苗族土家族自治县朗溪乡田湾村
63		彭水苗族土家族自治县龙塘乡双龙村
64	第四批 （2016-12-09）	万州区太安镇凤凰村
65		万州区罗田镇用坪村
66		江津区中山镇鱼塆村
67		潼南区古溪镇禄沟村
68		城口县高楠镇方斗村
69		武隆县平桥镇红隆村
70		酉阳土家族苗族自治县麻旺镇亮垭村烂田沟
71		酉阳土家族苗族自治县泔溪镇大板村皮都
72		酉阳土家族苗族自治县板溪镇山羊村山羊古寨
73		酉阳土家族苗族自治县可大乡昔比村
74		酉阳土家族苗族自治县板桥乡井园村仡佬溪

表 5-2 巴蜀传统村落四川部分

序号	批次	名称
1	第一批 （2012-12-17）	成都市邛崃市平乐镇花楸村
2		攀枝花市仁和区平地镇迤沙拉村
3		泸州市泸县兆雅镇新溪村
4		泸州市叙永县分水镇木格倒苗族村
5		遂宁市射洪县青堤乡光华村
6		南充市阆中市老观镇老龙村
7		南充市阆中市天宫乡天宫院村
8		巴中市巴州区青木镇黄桷树村
9		雅安市宝兴县硗碛乡夹拉村委和平藏寨
10		雅安市石棉县蟹螺藏族乡蟹螺堡子

续表

序号	批次	名称
11	第一批 (2012-12-17)	雅安市雨城区上里镇五家村
12		阿坝藏族羌族自治州理县桃坪乡桃坪村
13		阿坝藏族羌族自治州马尔康县沙尔宗乡丛恩村
14		阿坝藏族羌族自治州茂县黑虎乡小河坝村鹰嘴河组
15		阿坝藏族羌族自治州汶川县雁门乡萝卜寨村
16		甘孜藏族自治州得荣县子庚乡八子斯热村
17		甘孜藏族自治州炉霍县更知乡修贡村
18		甘孜藏族自治州炉霍县泥巴乡古西村
19		甘孜藏族自治州炉霍县新都镇七湾村
20		甘孜藏族自治州丹巴县梭坡乡莫洛村
21	第二批 (2013-08-26)	成都市金堂县五凤镇金箱村
22		自贡市贡井区艾叶镇李家桥社区
23		自贡市大安区三多寨镇三多寨村
24		自贡市大安区牛佛镇王爷庙社区
25		自贡市沿滩区仙市镇仙滩社区
26		泸州市纳溪区天仙镇观音乐道古村
27		泸州市泸县方洞镇石牌坊村
28		泸州市叙永县水潦乡海涯彝族村
29		泸州市叙永县正东乡灯盏坪古村
30		泸州市古蔺县太平镇平丰村
31		泸州市古蔺县二郎镇红军街社区
32		泸州市古蔺县箭竹乡团结村苗寨
33		泸州市古蔺县双沙镇白沙社区
34		绵阳市北川县青片乡上五村
35		绵阳市北川县马槽乡黑水村
36		绵阳市江油市二郎庙镇青林口村
37		广元市昭化区柏林沟镇向阳村
38		广元市朝天区麻柳乡石板村
39		南充市南部县石河镇石河场村
40		宜宾市江安县夕佳山镇五里村

续表

序号	批次	名称
41		达州市达县石桥镇鲁家坪村
42		雅安市雨城区望鱼乡望鱼村
43		雅安市汉源县宜东镇天罡村
44		雅安市汉源县清溪镇富民村
45		雅安市石棉县蟹螺藏族乡猛种村猛种堡子
46		雅安市石棉县蟹螺藏族乡猛种村木耳堡子
47		巴中市平昌县白衣镇白衣庵居民委员会
48		阿坝藏族羌族自治州茂县雅都乡四瓦村四组
49		阿坝藏族羌族自治州黑水县色尔古乡色尔古村
50		阿坝藏族羌族自治州黑水县木苏乡大别窝村
51	第二批	阿坝藏族羌族自治州黑水县维古乡西苏瓜子村
52	（2013-08-26）	阿坝藏族羌族自治州马尔康县卓克基镇西索村
53		甘孜藏族自治州炉霍县朱倭乡朱倭村
54		甘孜藏族自治州炉霍县雅德乡然柳村
55		甘孜藏族自治州乡城县青德乡仲德村
56		甘孜藏族自治州乡城县香巴拉镇色尔宫村
57		甘孜藏族自治州得荣县子庚乡阿称村
58		甘孜藏族自治州得荣县子庚乡子实村
59		甘孜藏族自治州得荣县子庚乡子庚村
60		凉山彝族自治州盐源县泸沽湖镇木垮村
61		凉山彝族自治州美姑县依果觉乡古拖村
62		凉山彝族自治州美姑县依果觉乡四季吉村
63		自贡市富顺县狮市镇狮子滩社区
64		自贡市富顺县赵化镇培村社区
65		自贡市富顺县长滩镇长滩坝社区
66	第三批	泸州市纳溪区打古镇古纯村
67	（2014-11-17）	泸州市叙永县石坝彝族乡堰塘彝族村
68		泸州市叙永县永潦彝族乡九家沟苗族村
69		绵阳市游仙区魏城镇绣山村
70		广元市昭化区昭化镇城关村

续表

序号	批次	名称
71		广元市朝天区曾家镇石鹰村
72		乐山市沐川县箭板镇顺河古街
73		南充市西充县青龙乡蚕华山村
74		南充市阆中市水观镇永安寺村
75		宜宾市宜宾县横江镇金钟村
76		宜宾市筠连县大雪山镇五河村
77	第三批	宜宾市筠连县镇舟镇马家村
78	（2014-11-17）	广安市武胜县宝箴塞乡方家沟村
79		巴中市通江县泥溪乡犁辕坝村
80		资阳市乐至县劳动镇旧居村
81		甘孜藏族自治州乡城县尼斯乡马色村
82		甘孜藏族自治州稻城县香格里拉镇亚丁村
83		甘孜藏族自治州稻城县赤土乡仲堆村
84		甘孜藏族自治州得荣县瓦卡镇阿洛贡村
85		成都市龙泉驿区洛带镇老街社区
86		成都市金堂县五凤镇五凤溪社区
87		成都市大邑县安仁镇街道社区
88		成都市邛崃市平落镇禹王社区
89		自贡市自流井区龙凤山社区
90		自贡市贡井区艾叶镇竹林村
91		自贡市大安区三多寨镇徐家村
92	第四批	自贡市沿滩区永安镇鳌头铺社区
93	（2016-12-09）	自贡市荣县墨林乡吕仙村
94		自贡市富顺县富世镇后街社区
95		攀枝花市米易县麻陇彝族乡中心村
96		泸州市泸县立石镇玉龙村
97		泸州市泸县百和镇东林观村
98		泸州市泸县方洞镇宋田村
99		泸州市合江县白沙镇芦稿村
100		泸州市合江县先市镇下坝村

续表

序号	批次	名称
101		泸州市合江县尧坝镇白村
102		泸州市合江县九支镇柏香湾村
103		泸州市合江县五通镇五通村
104		泸州市合江县凤鸣镇文理村
105		泸州市合江县福宝镇大亨村
106		泸州市合江县福宝镇穆村
107		泸州市合江县法王寺镇法王寺村
108		泸州市叙永县白腊苗族乡天堂村
109		德阳市广汉市连山镇川江村
110		德阳市旌阳区孝泉镇正阳街居委会
111		德阳市中江县仓山镇三江村
112		德阳市罗江县御营镇响石村
113		德阳市罗江县白马关镇白马村
114		德阳市什邡市师古镇红豆村
115	第四批	绵阳市安县桑枣镇红牌村
116	（2016-12-09）	绵阳市涪城区丰谷镇二社区
117		绵阳市游仙区魏城镇铁炉村
118		绵阳市游仙区刘家镇曾家垭村
119		绵阳市游仙区玉河镇上方寺村
120		绵阳市游仙区东宣乡鱼泉村
121		绵阳市盐亭县林山乡青峰村
122		绵阳市平武县虎牙藏族乡上游村
123		绵阳市平武县白马藏族乡亚者造祖村
124		绵阳市平武县木座藏族乡民族村
125		广元市旺苍县东河镇东郊村
126		广元市旺苍县福庆乡农经村
127		广元市旺苍县化龙乡石川村
128		广元市旺苍县化龙乡亭子村
129		广元市青川县观音店乡两河村
130		广元市剑阁县秀钟乡青岭村

续表

序号	批次	名称
131		遂宁市安居区玉丰镇高石村
132		内江市威远县向义镇静宁古村
133		内江市资中县罗泉镇禹王宫村
134		内江市隆昌县渔箭镇渔箭社区
135		内江市隆昌县云顶镇云峰村
136		乐山市五通桥区竹根镇兴隆里村
137		乐山市犍为县罗城镇菜佳村
138		乐山市犍为县芭沟镇芭蕉沟社区
139		乐山市犍为县铁炉乡铁炉社区
140		乐山市井研县千佛镇民建村
141		南充市仪陇县马鞍镇琳琅村
142		南充市阆中市河楼乡白虎村
143		眉山市洪雅县高庙镇花源村
144		眉山市洪雅县瓦屋山镇复兴村
145	第四批 (2016-12-09)	眉山市青神县汉阳镇汉阳场社区
146		宜宾市宜宾县横江镇民主社区
147		宜宾市江安县夕佳山镇坝上村
148		宜宾市屏山县龙华镇汇龙社区
149		广安市广安区协兴镇协兴村
150		广安市广安区肖溪镇肖家溪社区
151		广安市广安区石笋镇石笋村
152		广安市武胜县中心镇环江村
153		广安市武胜县飞龙镇莲花坪村
154		广安市武胜县三溪镇观音桥村
155		广安市岳池县顾县镇顾兴社区
156		广安市邻水县王家镇地选村
157		达州市通川区金石乡金山村
158		达州市大竹县童家乡童家村
159		达州市宣汉县庙安乡龙潭河村
160		达州市宣汉县马渡乡百丈村

续表

序号	批次	名称
161		达州市万源市秦河乡三官场村
162		雅安市名山区中峰乡朱场村
163		雅安市荥经县新添乡新添村
164		雅安市汉源县九襄镇民主村
165		雅安市天全县小河乡红星村
166		巴中市巴州区光辉镇白鹤山村
167		巴中市恩阳区登科街道办事处恩阳古镇
168		巴中市通江县洪口镇古宁寨村
169		巴中市通江县龙凤场乡环山村
170		巴中市通江县澌波乡苟家湾村
171		巴中市通江县胜利乡大营村
172		巴中市通江县胜利乡迪坪村
173		巴中市通江县文胜乡白石寺村
174		巴中市通江县毛浴乡迎春村
175	第四批 （2016-12-09）	巴中市南江县朱公乡百坪村
176		资阳市安岳县协和乡治山村
177		资阳市乐至县大佛镇红土地村
178		阿坝藏族羌族自治州汶川县水磨镇老人村
179		阿坝藏族羌族自治州汶川县龙溪乡阿尔村
180		阿坝藏族羌族自治州汶川县龙溪乡联合村
181		阿坝藏族羌族自治州理县薛城镇较场村
182		阿坝藏族羌族自治州理县甘堡乡甘堡村
183		阿坝藏族羌族自治州理县蒲溪乡休溪村
184		阿坝藏族羌族自治州理县下孟乡沙吉村
185		阿坝藏族羌族自治州理县桃坪乡增头村
186		阿坝藏族羌族自治州茂县太平乡牛尾村
187		阿坝藏族羌族自治州松潘县十里回族乡大屯村
188		阿坝藏族羌族自治州九寨沟县漳扎镇中查村
189		阿坝藏族羌族自治州九寨沟县永和乡大城村
190		阿坝藏族羌族自治州九寨沟县罗依乡大寨村

续表

序号	批次	名称
191		阿坝藏族羌族自治州九寨沟县马家乡苗州村
192		阿坝藏族羌族自治州九寨沟县草地乡下草地村
193		阿坝藏族羌族自治州九寨沟县大录乡大录村
194		阿坝藏族羌族自治州九寨沟县大录乡东北村
195		阿坝藏族羌族自治州黑水县知木林乡知木林村
196		阿坝藏族羌族自治州马尔康县松岗镇直波村
197		阿坝藏族羌族自治州马尔康县梭磨乡色尔米村
198		阿坝藏族羌族自治州马尔康县党坝乡尕兰村
199		阿坝藏族羌族自治州马尔康县大藏乡春口村
200		阿坝藏族羌族自治州马尔康县草登乡代基村
201		阿坝藏族羌族自治州壤塘县宗科乡加斯满村
202		阿坝藏族羌族自治州壤塘县吾依乡修卡村
203		阿坝藏族羌族自治州壤塘县茸木达乡茸木达村
204		阿坝藏族羌族自治州壤塘县中壤塘乡壤塘村
205	第四批（2016-12-09）	甘孜藏族自治州丹巴县巴底乡齐鲁村
206		甘孜藏族自治州丹巴县聂呷乡妖枯村
207		甘孜藏族自治州丹巴县梭坡乡宋达村
208		甘孜藏族自治州丹巴县中路乡克格依村
209		甘孜藏族自治州丹巴县中路乡波色龙村
210		甘孜藏族自治州白玉县章都乡边坝村
211		甘孜藏族自治州白玉县热加乡麻通村
212		甘孜藏族自治州白玉县灯龙乡帮帮村
213		甘孜藏族自治州白玉县灯龙乡龚巴村
214		甘孜藏族自治州白玉县赠科乡下比沙村
215		甘孜藏族自治州理塘县高城镇车马村
216		甘孜藏族自治州理塘县高城镇德西二村
217		甘孜藏族自治州理塘县高城镇德西三村
218		甘孜藏族自治州理塘县高城镇德西一村
219		甘孜藏族自治州理塘县格木乡查卡村
220		凉山彝族自治州木里藏族自治县俄亚纳西族乡大村

续表

序号	批次	名称
221	第四批 (2016-12-09)	凉山彝族自治州木里藏族自治县东朗乡亚英村
222		凉山彝族自治州木里藏族自治县唐央乡里多村
223		凉山彝族自治州木里藏族自治县瓦厂镇桃巴村
224		凉山彝族自治州盐源县泸沽湖镇母支村
225		凉山彝族自治州盐源县泸沽湖镇舍垮村

注：本附录根据住房城乡建设部、文化部（现文化和旅游部）、财政部等政府部门公布的前四批中国传统村落名录整理而得，不含第五批中国传统村落名录。

后记

AFTERWORD

中国传统村落作为中华文化遗产的重要载体，承载着中华民族的历史记忆，是人类农耕文明的重要见证，也是中华民族认同的根源，具有重要的文化价值、生态价值和经济价值。但在快速城镇化、现代化的冲击下，中国传统村落正在面临生存的挑战。传统村落的消失不仅意味着村落建筑的消亡，更意味着传统村落所蕴含的文化价值的消亡。近几十年来，随着经济的大发展以及城镇化的推进，大量青壮年走出乡村，定居城市，传统村落面临着"空心化"的窘境。如今，国家已经充分意识到传统村落保护的重要性，采取了一系列的保护措施。

"中国传统村落文化抢救与研究"系列丛书于2016年入选了"十三五"出版规划。本套丛书从文化区、物质文化、非物质文化三个方面全方位阐释中国传统村落文化。其第一辑文化区系列于2020年付梓，项目从策划到出版历时近5年。

一本书的诞生，包含着主编、编写者、编辑、校对、审读专家等众多参与者的心血。为了保证图书的如期出版，每个人都奉献和付出了许多。

感谢每一位编写者的勤勉，在繁重的教学和科研任务压力之下，他们利用每一个休息的空隙，孜孜不倦地书写着中国传统村落的过去、现在和未来，用朴实真挚的文字记录着村落的每一次成长与新生。

本书还配有大量精美图片帮助读者解读内容，但由于信息的更迭和转换，仍然有个别图片找不到原始版权的所有人。希望读到这本书，或者通过其他途径获取到这个信息的版权人，发送邮件至459202365@qq.com，主动与我们取得联系，我们感谢您的理解和支持。

我们本着保护和弘扬村落文化的初心，试图对中国传统村落进行一次科学的梳理、抢救性记录和提出保护建议，通过深度挖掘传统村落的价值，重新唤起社会关注，重振乡居生活方式。让越来越多的人通过阅读，了解传统村落文化的美好与珍贵，从而加入到保护者的行列。

2020年，突如其来的新冠肺炎疫情打乱了每个人的生活工作节奏，但是大家克服了自身的困难和心里的不安，携手走到了最后。再次感谢参与这套丛书出版的每一个人，大家的努力与付出，才促成了图书的成功付梓。我们撒下关爱村落的种子，期待在不久的未来它将长成参天大树，将传统村落文化扎根于每一位读者心间，愿这套丛书为传统村落文化的传承贡献一份微薄的力量。

丛书编委会

2020 年 12 月